SZAKÁCSKÖNYV "EGÉSZSÉGES KÁPOSZTA ÉS KIMCHI"

Útmutató 100 tápanyagban gazdag káposztához és kimchi kreációkhoz

ÁRPÁD GULYÁS

Copyright Anyag ©2024

Minden jog fenntartva

A kiadó és a szerzői jog tulajdonosának megfelelő írásos beleegyezése nélkül ennek a könyvnek egyetlen része sem használható fel vagy továbbítható semmilyen formában vagy módon, kivéve az ismertetőben használt rövid idézeteket. Ez a könyv nem helyettesítheti az orvosi, jogi vagy egyéb szakmai tanácsokat.

TARTALOMJEGYZÉK

TARTALOMJEGYZÉK **3**
BEVEZETÉS **6**
KIMCSI **7**
   1. Napa káposzta Kimchi 8
   2. Kínai káposzta és Bok Choy Kimchi 10
   3. kínai Kimchi 13
   4. Fehér Kimchi 15
   5. Retek Kimchi 17
   6. Gyors Kimchi uborkával 20
   7. Vegán Kimchi 22
   8. Baechu Kimchi (teljes káposzta kimcsi) 24
   9. Fehér Retek Kimchi/ Kkakdugi 26
  10. Metélőhagyma Kimchi/Pa-Kimchi 29
  11. Hagyma Kimchi borssal 31
  12. Zöld káposzta Kimchi 34
  13. Töltött mini uborka Kimchi 36
FŐZÉS KIMCHIVEL **38**
  14. Kimchi Stir-Fry/Kimchi- Bokkeum 39
  15. Kimchee tészta 41
  16. Kimchi sült rizs spammel 43
  17. Slow Cooker Congee reggeli tálak 46
  18. Marhahúsos és brokkolis tálak Kimchivel 48
  19. Sertéshús és Kimchi Stir-Fry/Kimchi- Jeyuk 50
  20. Marha tálak cukkinis tésztával és kimchivel 52
  21. Kimchi sült krumpli 55
  22. Koreai marhahús és hagymás taco 57
  23. Koreai Kimchi Jjigae (pörkölt) 59
  24. Kimchi és tofu leves 61
  25. Kimchi és kéksajtos croissant 63
  26. Kimchi tészta saláta 66
  27. Lazac és Kimchi Mayo Poke-val 68
  28. Kimchi Lazac Poke 70
  29. Koreai BBQ Sertés Poke Bowl 72
  30. Probiotikus tavaszi tekercs 74
  31. Kimchi Ramen 77
  32. Fermentált zöldségpörkölt 79
  33. Quinoa és Kimchi saláta 81
  34. Probiotikus Guacamole 83
  35. Kimchi szósz 85
  36. Kocka Daikon Retek Kimchi 87

37. Sós palacsinta 89
38. Szalonna és Kimchi Paella csirkével 91
39. Koreai marhahús és Kimchi grillezett sajt 94
40. Koreai Szegy és Kimchi Burger 96
41. Soy Curl Kimchee tavaszi tekercs 99
42. Egyedényes Kimchi Ramen 101
43. Kimchi sült rizs 104
44. Kimchi Slaw 106
45. Kimchi Quesadillas 108
46. Kimchi avokádó pirítós 110
47. Kimchi Tofu Stir-Fry 112
48. Kimchi Hummus 114
49. Kimchi Sushi tekercs 116
50. Kimchi Deviled Eggs 118
51. Kimchi Caesar saláta 120
52. Kimchi Guacamole 122
53. Kimchi palacsinta/ Kimchijeon 124
54. Kínai káposzta saláta Kimchi szósszal 126

SAVANYÚKÁPOSZTA 128
55. Klasszikus savanyú káposzta 129
56. Piccalilli 131
57. Alap savanyú káposzta 133
58. Fűszeres ázsiai savanyú káposzta 135
59. Almaecetes savanyú káposzta 137
60. Kapros Fokhagymás Ecetes káposzta 139

FŐZÉS KÁPOSZTÁVAL 141
61. Vörös káposzta káposztasaláta 142
62. Fijian Chicken Chop Suey 144
63. Fehér Káposzta és Burgonya 146
64. Green Vega Tostadas 148
65. Mángold és brokkolilé 150
66. Retek káposzta saláta 152
67. Szivárvány saláta káposztával 154
68. Microgreens és hóborsó saláta 156
69. Keserédes gránátalma saláta 158
70. Cool Salmon Lover's saláta 160
71. Gombás rizspapír tekercs 162
72. Ázsiai gnocchi saláta 165
73. Káposztagombóc _ 167
74. Tajvani sült rizstészta 169
75. Káposzta És Edamame Wraps 171
76. Tojásban sült rizs egy bögrében 173
77. Káposzta lasagna 175

78. Japán káposzta Okonomiyaki 177
79. Vörös káposzta grapefruit saláta 179
80. Káposzta És Sertés Gyoza 181
81. Vegetáriánus Wonton leves 183
82. Káposzta hal tacos 185
83. Sertés hátszín Crostini káposztasalátával 187
84. Açaí tál őszibarackkal és káposzta mikrozöldekkel 190
85. Gyümölcs és Káposzta Saláta 192
86. Red Velvet Saláta Céklával és Mozzarellával 194
87. Káposzta és Narancslé 196
88. Tavaszi káposztaleves ropogós hínárral 198
89. Káposzta és Gránátalma saláta 200
90. Marhahús saláta ecetes goji bogyókkal 202
91. Káposzta- és répaleves 205
92. Vörös káposzta krizantém s 207
93. Cabbage Stir-Fry 209
94. Töltött káposzta tekercs 211
95. Káposzta és Kolbász leves 213
96. Káposztasaláta Citromos öntettel 215
97. Káposzta és Burgonya Curry 217
98. Káposzta és Garnélarák Sütés 219
99. Káposzta és Gomba Sütés 221
100. Káposzta és Mogyoró saláta 223

KÖVETKEZTETÉS 225

BEVEZETÉS

Üdvözöljük a "Szakácskönyv "egészséges káposzta és kimchi"-ban, amely a végső útmutató a tápanyagban gazdag káposzta világának és a finom kimchi készítésének művészetének felfedezéséhez. Ez a szakácskönyv a káposzta hihetetlen sokféleségének és az erjesztés átalakító erejének ünnepe, és 100 receptet kínál, amelyekkel ezekkel az egészséges alapanyagokkal még gazdagabbá teheti kulináris élményeit. Csatlakozzon hozzánk egy olyan utazásra, amely a káposzta és a kimchi egészségügyi előnyeit és merész ízeit hozza asztalára.

Képzeljen el egy konyhát, amely tele van a friss káposzta aromáival és az erjedő kimchi csípős, fűszeres jegyeivel. Az „Szakácskönyv "egészséges káposzta és kimchi" nem csupán receptgyűjtemény; ez a különféle elérhető káposztafélék felfedezése, és a kimchi számtalan módja annak, hogyan javíthatja az étkezést. Legyen szó kimchi ínyencéről vagy valakiről, aki még nem ismeri a fermentált ételek világát, ezek a receptek azért készültek, hogy inspiráljanak a káposzta jóságának és a kimchi-készítés művészetének megismerésére.

A klasszikus napa káposzta kimchitől a vörös káposztát, Savoy káposztát és sok mást használó ötletes alkotásokig minden recept a tápanyag gazdagság és a merész ízek ünnepe, amelyet a káposzta hoz az asztalra. Akár hagyományos koreai lakomát készít, akár fúziós ételekkel kísérletezik, akár tápláló csavart szeretne hozzáadni mindennapi étkezéseihez, ez a szakácskönyv a káposzta és a kimchi világának felfedezéséhez szükséges forrás.

Csatlakozz hozzánk, amikor elmélyülünk a káposzta és a kimchi egészségügyi előnyeiben, ízeiben és kulturális jelentőségében, ahol minden alkotás ékes bizonyítéka ezeknek az alázatos, mégis erőteljes összetevőknek a sokoldalúságának és vibrálásának. Gyűjtsd össze tehát a káposztát, ismerkedj meg az erjesztés művészetével, és vágjunk bele egy kulináris kalandba az "Szakácskönyv "egészséges káposzta és kimchi" segítségével.

KIMCSI

1.Napa káposzta Kimchi

ÖSSZETEVŐK:
- 1 napa káposzta, keresztben 2 hüvelykes kockákra vágva
- ½ közepes méretű daikon retek, meghámozva és hosszában negyedekre vágva,
- majd ½ hüvelyk vastag darabokra
- 2 evőkanál tengeri só
- ½ csésze víz
- 2 zöldhagyma 2 hüvelykes szeletekre vágva
- 3 gerezd fokhagyma, felaprítva
- 1 evőkanál reszelt friss gyömbér
- 1 evőkanál koreai chili por

UTASÍTÁS:
a) Helyezze a káposztát és a daikon darabokat egy nagy keverőtálba.
b) Helyezze a sót és a vizet egy külön kis tálba; keverjük fel, hogy feloldódjon. Ráöntjük a zöldségekre. Tegyük félre egy éjszakára szobahőmérsékleten, hogy megpuhuljon.
c) Másnap leszűrjük, lecsepegtetve a sós vizet, amibe a zöldségeket beáztattuk. Adjuk hozzá a zöldhagymát, a fokhagymát, a gyömbért és a chiliport a káposztás keverékhez, és jól keverjük össze.
d) Szorosan csomagolja a keveréket egy ½ gallonos fedős üvegedénybe. Öntse a megtakarított sós vizet az edénybe úgy, hogy a tetején hagyjon 1 hüvelyk helyet. Szorosan zárja le a fedelet.
e) Hagyja az edényt hűvös, sötét helyen 2-3 napig (attól függően, hogy a kimchi milyen hőmérsékletű, és mennyire pácolt és erjesztett). Felbontás után hűtsük le.
f) Hűtőben pár hétig eláll.

2.Kínai káposzta és Bok Choy Kimchi

ÖSSZETEVŐK:
- 3 evőkanál finomítatlan, durva tengeri só vagy 1½ evőkanál finom tengeri só
- 3 csésze szűrt, klórmentes víz
- 1 kiló kínai kel, durvára vágva
- 3 fej baby bok choy, durvára vágva
- 4 retek durvára vágva
- 1 kis hagyma
- 3 gerezd fokhagyma
- 1 db 2 hüvelykes gyömbér
- 3 chili

UTASÍTÁS:

a) Keverje össze a vizet és a tengeri sót, amíg a só fel nem oldódik, hogy sóoldatot képezzen. Félretesz, mellőz.
b) a bok choy-t és a retket durvára vágjuk. Keverjük össze, és tegyük egy kis edénybe vagy tálba.
c) Öntse a sóoldatot a zöldségkeverékre, amíg el nem fedi.
d) Helyezzen egy tányért, amely éppen belefér az edénybe vagy tálba, és mérje le élelmiszeripari nehezékkel, egy üveggel vagy egy másik vízzel teli tállal. Fedjük le és hagyjuk állni legalább 4 órát vagy egy éjszakán át.
e) A hagymát, a fokhagymát, a gyömbért és a chilit aprítógépben pépesítjük.
f) Engedje le a sóoldatot a zöldségekről, és tartsa le későbbi felhasználásra. Kóstolja meg a zöldségkeverék sósságát.
g) Öblítse le, ha túl sós ízű, vagy ha szükséges, adjon hozzá egy csipet tengeri sót.
h) A zöldségeket és a fűszerkeveréket alaposan összekeverjük.
i) Csomagolja szorosan egy kis edénybe vagy tálba, és ha szükséges, adjon hozzá egy kis mennyiségű sós vizet, hogy a zöldségek elmerüljenek. Mérjük le a zöldségeket egy tányérral és egy élelmiszer-súllyal. (Én egy kisebb üveg- vagy kerámiatálat használok, amelyet a maradék sóoldattal töltenek meg, hogy nehezékként működjön.
j) Ha további sóoldatot igényel, vagy a zöldségkeverék kitágul, hogy elérje a tálat, akkor ugyanazt a sóoldatot tartalmazza.) Fedjük le fedővel.
k) Körülbelül 1 hétig erjesztjük, vagy tovább, ha jobban szereti a kimchit.
l) Fedővel ellátott üvegtálba vagy tégelybe tesszük, és lehűtjük. Tálalja köretként, fűszerként vagy barna rizs tetejére cérnametéltre egy gyors és finom vacsorához.

3.kínai Kimchi

ÖSSZETEVŐK:
- 1 fej napa vagy kínai kel, apróra vágva
- 3 sárgarépa, lereszelve
- 1 nagy daikon retek, reszelve vagy egy csésze kis piros retek, finomra szeletelve
- 1 nagy hagyma, apróra vágva
- 1/4 csésze dulse vagy nori hínárpehely
- 1 evőkanál chili paprika pehely
- 1 evőkanál darált fokhagyma
- 1 evőkanál darált friss gyömbér
- 1 evőkanál szezámmag
- 1 evőkanál cukor
- 2 teáskanál jó minőségű tengeri só
- 1 teáskanál halszósz

UTASÍTÁS:
a) Egyszerűen keverje össze az összes hozzávalót egy nagy tálban, és hagyja állni 30 percig.
b) Csomagolja a keveréket egy nagy üvegbe vagy 2 kisebb üvegbe. Erősen nyomja le.
c) A tetejét egy vízzel töltött Ziploc zacskóval töltse fel, hogy elkerülje az oxigént, és a zöldségeket a sóoldat alá merítse.
d) Lazán rátesszük a fedőt, és legalább 3 napig félretesszük kelni. Kóstoljuk meg 3 nap múlva, és döntsük el, hogy kellően savanyú íze van-e. Ez egyéni ízlés dolga, így csak addig próbáld, amíg meg nem szereted!
e) Ha elégedett az ízével, tárolhatja a kimchit a hűtőszekrényben, ahol hónapokig boldogan eláll, ha ennyi ideig tart!!

4.Fehér Kimchi

ÖSSZETEVŐK:
- 1 nagy napa káposzta (kb. 2½ font), negyedekre vágva, eltávolítva a szárát, és 1 hüvelykes kockákra vágva
- 1 nagy sárgarépa, 2 hüvelyk hosszú csíkokra vágva
- 1 nagy fekete spanyol retek vagy 3 vörös retek, juliened
- 1 piros kaliforniai paprika, kimagozva, kimagozva és kicsumázva
- 3 szál zöldhagyma vagy metélőhagyma, 1 hüvelykes darabokra vágva
- 2 körte szárral, kimagozva és negyedelve
- 3 gerezd fokhagyma, meghámozva
- ½ kis hagyma, negyedelve
- 1 hüvelykes darab friss gyömbér
- 3 evőkanál finomítatlan finom tengeri só vagy 6 evőkanál finomítatlan durva tengeri só
- 6 csésze szűrt víz

UTASÍTÁS:
a) Egy nagy tálban keverje össze a káposztát, a sárgarépát, a retket, a kaliforniai paprikát és a zöldhagymát.
b) A körtét, a fokhagymát, a hagymát és a gyömbért aprítógépben összedolgozzuk, és pürévé turmixoljuk. Öntsük a körtés keveréket az apróra vágott zöldségekre. Adjuk hozzá a sót, és keverjük össze az összes zöldséget, amíg egyenletesen bevonják őket a körtepürével és a sóval.
c) Helyezze a zöldségkeveréket egy nagy edénybe, és öntsön rá vizet.
d) Helyezzen egy tányért, amely belefér az edénybe, hogy lefedje a zöldségeket, és tartsa őket víz alatt.
e) Helyezzen a tányér tetejére élelmiszer-biztonsági súlyokat vagy vízzel töltött üvegtálat vagy edényt, hogy a zöldségek elmerüljenek.
f) Fedjük le fedővel, és tároljuk hűvös, zavartalan helyen körülbelül egy hétig, vagy amíg el nem éri a kívánt tapintásos szintet.
g) Tegye üvegekbe vagy egy tálba, fedje le, és hűtse le, ahol a kimchi akár egy évig is eláll.

5. Retek Kimchi

ÖSSZETEVŐK:
- 2 font koreai retek (mu), meghámozva és 1 hüvelykes kockákra vágva
- 2 evőkanál durva tengeri só
- 2 gerezd fokhagyma, felaprítva
- 1 teáskanál gyömbér, reszelve
- 2 evőkanál koreai pirospaprika pehely (gochugaru)
- 1 evőkanál halszósz (opcionális, az umami ízért)
- 1 evőkanál szójaszósz (opcionális, a mélyebb ízért)
- 1 evőkanál cukor
- 4 zöldhagyma, apróra vágva
- 1 kis sárgarépa, juliened (elhagyható)

UTASÍTÁS:
a) Tegye a retekkockákat egy nagy keverőtálba. Szórjuk meg a retek sóval, és dobjuk fel, hogy egyenletesen bevonják. Hagyja őket ülni körülbelül 30 percig, hogy felszabadítsák a nedvességüket.
b) Öblítse le a retekkockákat hideg víz alatt, hogy eltávolítsa a felesleges sót. Jól lecsepegtetjük, és tiszta, száraz tálba tesszük.
c) Egy külön tálban keverje össze a darált fokhagymát, a reszelt gyömbért, a koreai pirospaprika pehelyet, a halszószt (ha használ), a szójaszószt (ha használ) és a cukrot. Jól keverjük össze, hogy pasztaszerű keveréket kapjunk.
d) Adjuk hozzá a pépet a retekkockákhoz, és dobjuk fel, hogy a retket egyenletesen vonja be a fűszerezés. Adjuk hozzá a zöldhagymát és a sárgarépát (ha használjuk), és keverjük össze az egészet.
e) Csomagolja szorosan a fűszerezett retekkeveréket egy tiszta üvegedénybe, és nyomja le, hogy eltávolítsa a légzsákokat. Hagyjon körülbelül egy hüvelyknyi helyet a tetején.
f) Fedjük le az üveget fedővel, de ne zárjuk le szorosan, hogy az erjedés során gáz távozhasson. Helyezze az üveget hűvös, sötét helyre, például szekrénybe vagy kamrába, és hagyja erjedni 2-5 napig. Naponta ellenőrizze a kimchit, és tiszta kanállal nyomja le, hogy a retek elmerüljön a keletkező folyadékban.
g) Kóstolja meg a kimchit 2 nap múlva, hogy ellenőrizze a kívánt erjedési szintet. Ha kialakult benne az Ön által kedvelt csípős és enyhén savanykás íz, tegye át az üveget a hűtőszekrénybe, hogy lelassítsa az erjedési folyamatot. Ellenkező esetben folytassa az erjesztést még néhány napig, amíg el nem éri a kívánt ízt.
h) A retek kimchi azonnal fogyasztható, de a hűtőben erjesztve tovább fejlődik az íze. Hűtőben több hétig is eláll.

6.Gyors Kimchi uborkával

ÖSSZETEVŐK:
- 2 uborka, vékonyra szeletelve
- 1 evőkanál tengeri só
- 1 evőkanál reszelt gyömbér
- 2 gerezd fokhagyma, felaprítva
- 2 evőkanál rizsecet
- 1 evőkanál cukor
- 1 evőkanál koreai pirospaprika pehely (gochugaru)

UTASÍTÁS:
a) Dobja meg az uborkaszeleteket tengeri sóval, és hagyja 30 percig állni. Engedje le a felesleges vizet.
b) Egy tálban keverje össze a gyömbért, a fokhagymát, a rizsecetet, a cukrot és a pirospaprika pelyhet, hogy elkészítse a kimchi pasztát.
c) Az uborkaszeleteket bevonjuk a masszával, és egy üvegbe csomagoljuk. Tálalás előtt legalább 2 órára hűtőbe tesszük.

7.Vegán Kimchi

ÖSSZETEVŐK:

- 1 közepes méretű napa káposzta
- 1 csésze koreai retek (mu), juliened
- 1/2 csésze koreai durva tengeri só
- 1 evőkanál reszelt gyömbér
- 4 gerezd fokhagyma, felaprítva
- 3 evőkanál szójaszósz
- 2 evőkanál cukor
- 1 evőkanál koreai pirospaprika pehely (gochugaru)

UTASÍTÁS:

a) A Napa káposztát falatnyi darabokra vágjuk, a koreai retket pedig julienne-re vágjuk.
b) Egy nagy tálban szórjuk meg a káposztát és a retket koreai durva tengeri sóval. Jól átforgatjuk, hogy egyenletes legyen a bevonat. Hagyjuk állni körülbelül 2 órát, időnként megforgatjuk.
c) A káposztát és a retket alaposan öblítse le hideg víz alatt, hogy eltávolítsa a felesleges sót. Lecsepegtetjük és félretesszük.
d) Egy külön tálban keverje össze a reszelt gyömbért, a darált fokhagymát, a szójaszószt, a cukrot és a koreai pirospaprika pelyhet (gochugaru), hogy pasztát készítsen.
e) Kenjük be a káposztát és a retket a masszával, ügyelve arra, hogy jól befedjék.
f) Tegye a keveréket egy tiszta, légmentesen záródó edénybe, és nyomja le, hogy eltávolítsa a légbuborékokat. Hagyjon egy kis helyet a tetején, hogy lehetővé tegye az erjedést.
g) Zárja le az edényt, és hagyja szobahőmérsékleten erjedni körülbelül 2-3 napig. Utána tárold a hűtőben.

8.Baechu Kimchi (teljes káposzta kimcsi)

ÖSSZETEVŐK:

- 1 egész napa káposzta
- 1 csésze koreai retek (mu), juliened
- 1/2 csésze koreai durva tengeri só
- 1 csésze víz
- 1 evőkanál reszelt gyömbér
- 5 gerezd fokhagyma, felaprítva
- 3 evőkanál halszósz
- 2 evőkanál szójaszósz
- 2 evőkanál cukor
- 2 evőkanál koreai pirospaprika pehely (gochugaru)

UTASÍTÁS:

a) Az egész napa káposztát hosszában félbevágjuk, majd mindegyik felét harmadára vágjuk. Ebből hat darab lesz.
b) Oldjunk fel koreai durva tengeri sót egy csésze vízben. Bőségesen szórja meg a káposztát és a koreai retket ezzel a sósvizes keverékkel, ügyelve arra, hogy a levelek közé kerüljön. Hagyjuk állni körülbelül 2 órát, időnként megforgatjuk.
c) A káposztát és a retket alaposan öblítse le hideg víz alatt, hogy eltávolítsa a felesleges sót. Lecsepegtetjük és félretesszük.
d) Egy tálban keverje össze a reszelt gyömbért, a darált fokhagymát, a halszószt, a szójaszószt, a cukrot és a koreai pirospaprika pelyhet (gochugaru), hogy pasztát készítsen.
e) Kenje be minden káposztalevelet és retek darabot a masszával, ügyelve arra, hogy jól befedjék.
f) A káposztadarabokat halmozzuk össze, hogy az egész káposzta formáját megújítsuk.
g) Tegye az egész káposztát egy tiszta, légmentesen záródó edénybe, és nyomja le, hogy eltávolítsa a légbuborékokat. Hagyjon egy kis helyet a tetején, hogy lehetővé tegye az erjedést.
h) Zárja le az edényt, és hagyja szobahőmérsékleten erjedni körülbelül 2-3 napig. Utána tárold a hűtőben.

9. Fehér Retek Kimchi / Kkakdugi

ÖSSZETEVŐK:
SÓLÉT
- 1,5 kg (3 font 5 uncia) hámozott fehér retek (daikon), fekete retek vagy fehérrépa
- 40 g (1½ oz) durva tengeri só
- 50 g (1¾ oz) cukor
- 250 ml (1 csésze) szénsavas víz

Pác
- 60 g (2¼ uncia) gochugaru Csili por
- 110 g (3¾ uncia) sima (univerzális) lisztleves
- ½ körte
- ½ hagyma
- 50 g (1¾ oz) fermentált szardellaszósz
- 60 g (2¼ oz) gerezd fokhagyma
- 1 teáskanál őrölt gyömbér
- 5 cm (2 hüvelyk) póréhagyma (fehér rész)
- ½ evőkanál tengeri só 2 evőkanál cukor

UTASÍTÁS:

a) Vágja a retket 1,2 cm (½ hüvelyk) vastag szeletekre, majd mindegyiket negyedekre. Tedd őket egy tálba, és add hozzá a durva tengeri sót, a cukrot és a szénsavas vizet. Keverje jól össze kézzel, hogy a cukor és a só jól eldörzsölje. Állítsa körülbelül 4 órán át szobahőmérsékleten. Amikor a retekdarabok rugalmassá válnak, a sózás kész. A retekdarabokat egyszer öblítse le vízben. Hagyja őket lecsepegni legalább 30 percig.

b) A páchoz keverjük a gochugarut a hideg sima lisztleveshez (ugyanaz az elkészítési technika, mint a rizsliszt levesnél, 90. oldal). A körte-, hagyma- és erjesztett szardellaszószt egy kis robotgépben pürésítjük, és összekeverjük a gochugaru lisztes keverékkel. Törjük össze a fokhagymát, és keverjük a keverékhez az őrölt gyömbérrel együtt. A póréhagymát vékony szeletekre vágjuk, és a masszához keverjük. A fűszerezést tengeri sóval és cukorral fejezzük be.

c) A retek darabokat összedolgozzuk a páccal. Helyezze egy légmentesen záródó edénybe, és töltse meg 70%-ig. Fedje le műanyag fóliával, és nyomja meg, hogy a lehető legtöbb levegőt távolítsa el.

d) Szorosan zárja le a fedelet. Hagyja 24 órán át sötétben szobahőmérsékleten, majd tárolja hűtőszekrényben legfeljebb 6 hónapig. Ennek a kimchinek az íze akkor a legjobb, ha jól erjedt, azaz körülbelül 3 hét után.

10.Metélőhagyma Kimchi/Pa-Kimchi

ÖSSZETEVŐK:
SÓLÉT
- 400 g (14 uncia) fokhagyma metélőhagyma
- 50 g (1¾ oz) fermentált szardellaszósz

Pác
- 40 g (1½ uncia) gochugaru Csili por
- 30 g (1 uncia) rizsliszt leves
- ¼ körte
- ¼ hagyma
- 25 g (1 uncia) gerezd fokhagyma
- 1 evőkanál tartósított citrom
- ½ teáskanál őrölt gyömbér 1 evőkanál cukor

UTASÍTÁS:
a) A metélőhagyma szárát alaposan mossuk meg, és távolítsuk el a gyökereit. A metélőhagymát, hagymával lefelé, egy nagy tálba rendezzük. Öntse a szardellaszószt a metélőhagymára, közvetlenül a legalsó részre. Minden szárat jól meg kell nedvesíteni. Segíts eloszlatni a szószt a kezünkkel, alulról felfelé simítva. 10 percenként vigye át a szószt ugyanígy az edény aljáról a szárak tetejére, és folytassa ezt 30 percig.

b) A rizslisztes leveshez keverjük a chiliport . A körtét és a hagymát kis robotgépben pürésítjük, a fokhagymát összetörjük. Keverjük össze a rizsliszt levessel. Öntsük a keveréket a metélőhagymát tartalmazó tálba. Adjuk hozzá a tartósított citromot, az őrölt gyömbért és a cukrot. Keverjük össze úgy, hogy minden metélőhagyma szárat bevonunk páclével.

c) Tedd légmentesen záródó edénybe, töltsd meg 70%-ig. Fedje le műanyag fóliával, és nyomja meg, hogy a lehető legtöbb levegőt távolítsa el.

d) Szorosan zárja le a fedelet. Hagyja 24 órán át sötétben szobahőmérsékleten, majd tárolja hűtőszekrényben legfeljebb 1 hónapig.

11. Hagyma Kimchi borssal

ÖSSZETEVŐK:
- 4 csokor (kb. 35 szár) újhagyma vagy zöldhagyma
- 2 evőkanál. kóser só
- 4 gerezd fokhagyma
- 1 hüvelykes darab friss gyömbér, eltávolítva a bőrt
- 1 evőkanál. vörös csónakos halszósz vagy más halszósz MSG és tartósítószerek nélkül (ha vegán kimchit szeretne, hagyja ki)
- ½ csésze durva erős paprika pehely (gochugaru)

UTASÍTÁS:
a) Mossuk meg az újhagymát, vágjuk le a gyökereket, hámozzuk le a külső vékony réteget, és távolítsuk el a régi vagy sérült zöld részeket a hagyma körül. Amikor a hagyma tiszta és előkészített, öblítse le újra hideg vízzel.
b) Helyezze a hagymát egy üvegtálba, például egy Pyrex márkájú 9 x 13 hüvelykes sütőedénybe. Sózzuk a hagymát. Kézzel keverje egyenletesen a sót a hagyma köré, és hagyja állni 2 órán át. 1 óra múlva keverje össze a hagymát. 2 óra múlva öblítse le a sót hideg vízzel, és hagyja lecsepegni egy szűrőedényben.
c) Aprítógépben adjunk hozzá fokhagymát, gyömbért és halszószt, és pürésítsük pürésítésig. Öntse a keveréket egy közepes tálba, és adja hozzá a csípős paprikapelyhet. Jól összekeverni.
d) Egy másik nagy üvegedénybe, például a Pyrex márkájú 9 x 13 hüvelykes sütőedénybe, adjuk hozzá a leöblített hagymás és borsos keveréket. Vágja a hagymát 2 hüvelykes kockákra. Az újhagymát alaposan bekenjük a keverékkel, majd újra összekeverjük. Tegye át a kimchi alapon megfojtott hagymát egy tiszta üvegbe vagy más tetszőleges erjesztőedénybe.
e) Csomagolja be jól a hagymát, de hagyjon körülbelül 1 hüvelyk helyet a hagymától az üveg pereméig.
f) Takarjon le minden üveget vagy edényt sajtkendővel vagy más légáteresztő huzattal, hogy megakadályozza a por és a poloskák bejutását a fermentációba. Vagy ha üvegben erjesztjük , akkor a befőttesüveg fedelét is rátehetjük, és a gyűrűt szorosan rácsavarjuk. Ha felteszi a fedőt, naponta „böfögni" kell az erjesztést, hogy az erjedés során keletkező gáz felszabaduljon. Tárolja szobahőmérsékleten, ideális esetben 60ºF (16ºC) és 75ºF (24ºC) között. Tartsa távol a közvetlen napfénytől.
g) Szobahőmérsékleten 2 napig erjesztjük, légmentesen záródó edénybe tesszük, és hűtőbe tesszük. A hagymás keverék a hűtőszekrényben lassan tovább erjed. Bármikor elfogyaszthatod az erjesztést, de az ízek továbbra is átalakulnak, ideális esetben a két hét körül a legjobbak.

12.Zöld káposzta Kimchi

ÖSSZETEVŐK:
- 1 recept Basic zöld káposzta savanyú káposzta, 2 hüvelykes négyzetekre szeletelve
- 5 evőkanál Kimchi szósz

UTASÍTÁS
a) Egy nagy tálban keverje össze a sót és a vizet; keverjük össze, hogy a só feloldódjon. Adjuk hozzá a káposztát és áztassuk 2 órán át.
b) Lecsepegtetjük és kiöntjük a vizet a káposztából. Vegyen fel kesztyűt, hogy megvédje a kezét, adja hozzá a Kimchi szószt, és dörzsölje bele a káposztába.
c) Helyezze a keveréket egy ½ gallonos üvegedénybe, és szorosan zárja le a fedelet. Hagyja egy napig szobahőmérsékleten. Felbontás után hűtőszekrényben tárolandó.
d) 2 hétig eláll a hűtőben.

13.Töltött mini uborka Kimchi

ÖSSZETEVŐK:
- 8 mini uborka
- 1 evőkanál tengeri só

TÖLTELÉK
- 1 csésze julienned daikon retek
- ¼ csésze sárgahagyma
- 2 zsemle zöldhagyma
- 2 evőkanál Kimchi szósz

UTASÍTÁS:
a) Mindegyik uborkát hosszában felszeleteljük, 1 hüvelyknyit hagyva az alján vágatlanul. Forgassa el és vágja újra hosszában úgy, hogy az alján 1 hüvelyk maradjon vágatlanul. (Az 1 hüvelykes alap az egyes uborkák négy szeletelt negyedét tartja össze.)
b) Helyezze az uborkát egy kis tálca vagy tál aljára, és szórja meg sóval az uborka húsát és külsejét. Tegye félre 2 órára szobahőmérsékleten.
c) Lecsepegtetjük és kiöntjük a folyadékot az uborkából.
d) Egy külön tálban összedolgozzuk a töltelék hozzávalóit és jól összedolgozzuk. A töltelékkeverék egynyolcadát használja uborkánként, töltse ki minden uborka szabad részét úgy, hogy az uborkanegyedeket szorosan a töltelékhez illessze.
e) Csomagolja a töltött uborkát üvegedényekbe, hogy szorosan illeszkedjen (ne olyan üvegeket válasszon, amelyek extra levegőt hagynak a cuki körül). Szorosan zárja le a fedőt, és élvezze másnap.
f) Hűtőben 3 napig eláll.

FŐZÉS KIMCHIVEL

14. Kimchi Stir-Fry/Kimchi- Bokkeum

ÖSSZETEVŐK:

- 2 negyed kínai kel kimchi
- 3 cm (1¼ hüvelyk) póréhagyma (fehér rész)
- 2 evőkanál semleges növényi olaj
- 1½ evőkanál cukor
- 1 evőkanál szezámolaj

UTASÍTÁS:

a) Vágja a káposzta kimchi negyedeket 2 cm (¾ hüvelyk) széles csíkokra.
b) A póréhagymát apróra vágjuk.
c) Kenjünk be egy serpenyőt növényi olajjal, és kevergetve pirítsuk a póréhagymát erős lángon, amíg illatos lesz. Adjuk hozzá a kimchit és a cukrot a serpenyőbe. Közepes lángon kevergetve 5-10 percig sütjük, amíg a kimchi félig megpuhul. Ha a kimchi túl száraznak tűnik, főzés közben adjunk hozzá 3 evőkanál vizet.
d) Kapcsolja ki a hőt, de hagyja a serpenyőt a főzőlapon vagy a főzőlapon. Meglocsoljuk szezámolajjal, majd összekeverjük.

15. Kimchee tészta

ÖSSZETEVŐK:
- 1 ½ csésze kimchee
- 1 (3 uncia) csomag keleti ízű instant ramen tészta
- 1 (12 uncia) csomag Spam, kocka
- 2 evőkanál növényi olaj

UTASÍTÁS:

a) Főzzük meg a tésztát a csomagoláson található utasítások szerint. Helyezze a serpenyőt közepes lángra. Melegítsd fel benne az olajat. Pároljuk a spam darabokban 3 percig.

b) Lecsepegtetés után keverjük hozzá a tésztát, és főzzük további 3 percig.

c) Keverjük hozzá a kimchee-t, és főzzük 2 percig. tálald a tésztát meleg.

16.Kimchi sült rizs spammel

ÖSSZETEVŐK:
- 3 evőkanál repceolaj, osztva
- ¾ csésze kockára vágott spam
- 1 csésze apróra vágott kimchi
- 2 evőkanál kimchi lé
- 1 evőkanál szójaszósz
- 1 evőkanál gochugaru (koreai pirospaprika pehely)
- 2 evőkanál sótlan vaj
- 3 és fél csésze főtt fehér rizs
- 1 evőkanál szezámolaj
- 3 tojás

VÁLASZTHATÓ:
- Apróra vágott mogyoróhagyma
- Finomra aprított nori (pörkölt hínár)
- Pirított szezámmag

UTASÍTÁS:

a) Melegítsen fel 2 evőkanál repceolajat közepesen magas lángon egy tapadásmentes serpenyőben vagy öntöttvas serpenyőben.
b) Adja hozzá a kockákra vágott Spam-et a serpenyőbe, és pirítsa addig, amíg kissé meg nem pirul, ami körülbelül 5 percig tart.
c) Adja hozzá az apróra vágott kimchit, a kimchi levet, a szójaszószt és a gochugarut a serpenyőbe. Pároljuk ezt a keveréket 5-10 percig.
d) Tegyük a sózatlan vajat a serpenyőbe, és addig keverjük, amíg fel nem olvad.
e) Öntsön 3 és fél csésze főtt rizst a serpenyőbe, és alaposan keverje össze, amíg az összes rizst be nem vonja a kimchi és a szósz.
f) Kóstoljuk meg a sült rizst a fűszerezéshez, és szükség szerint módosítsuk. Ha túl sós, adhatunk hozzá extra rizst, hogy kiegyensúlyozzuk az ízeket.
g) Adjuk hozzá a szezámolajat a sült rizshez, és jól keverjük össze.
h) Kapcsolja le a hőt, és tegye félre a rizst.
i) Egy külön tapadásmentes serpenyőben melegíts fel 1 evőkanál repceolajat közepesen magas lángon.
j) A tojásokat süssük készre, lehetőleg napos oldalukkal felfelé.
k) Tálaljuk a kimchi sült rizst tükörtojással, és ízlés szerint díszítsük apróra vágott mogyoróhagymával, felaprított norival és szezámmaggal.
l) Élvezze a finom Kimchi sült rizst spammel !

17. Slow Cooker Congee reggeli tálak

ÖSSZETEVŐK:

- ¾ csésze (125 g) jázmin rizs
- 4 csésze (940 ml) víz
- 3 csésze (705 ml) zöldség- vagy csirkehúsleves
- 1 hüvelykes (2,5 cm) darab friss gyömbér, meghámozva és vékonyra szeletelve
- Kóser só és frissen őrölt fekete bors
- 3 evőkanál (45 ml) avokádó- vagy extraszűz olívaolaj elosztva
- 6 uncia (168 g) gomba, lehetőleg cremini vagy shiitake, szeletelve
- 6 csésze (180 g) bébispenót
- 4 nagy tojás
- Kimcsi
- Mogyoróhagyma, vékonyra szeletelve

UTASÍTÁS:

a) Adja hozzá a rizst, a vizet, az alaplevet, a gyömbért és az 1 teáskanál (6 g) sót egy 3,2 literes (3,2 literes) vagy nagyobb lassú tűzhelyhez, és keverje össze. Fedjük le, állítsuk alacsonyra, és főzzük addig, amíg a rizs szétesik és krémes lesz, körülbelül 8 órán keresztül.

b) Távolítsa el és dobja ki a gyömbért. Keverjük össze, kaparjuk le a lassú tűzhely oldalát és alját. Osszuk el a kontyot tálak között.

c) Melegítsünk fel 1 evőkanál (15 ml) olajat egy nagy serpenyőben közepes-nagy lángon. Hozzáadjuk a gombát, sózzuk, borsozzuk, és körülbelül 5 perc alatt puhára pároljuk. Rákanalazzuk a pépet.

d) Melegítsen fel 1 evőkanál (15 ml) olajat ugyanabban a serpenyőben közepes lángon. Adjuk hozzá a spenótot, és főzzük, időnként megforgatva, amíg éppen megfonnyad, körülbelül 2 percig. Osszuk el a spenótot a tálak között.

e) A maradék 1 evőkanál (15 ml) olajat melegítse fel ugyanabban a serpenyőben, és süsse meg a tojásokat.

f) Adjuk hozzá a tojásokat a tégelyes tálkához, és tegyük a tetejére kimchit és
mogyoróhagyma.

18.Marhahúsos és brokkolis tálak Kimchivel

ÖSSZETEVŐK:
- 2½ evőkanál (37 ml) avokádó- vagy extraszűz olívaolaj, elosztva
- 1 font (455 g) darált marhahús
- Kóser só és frissen őrölt fekete bors
- 1½ evőkanál (23 ml) kókuszdió aminosav, elosztva
- ¼ csésze (12 g) apróra vágott thai bazsalikom
- 16 uncia (455 g) rizses brokkoli
- 1 nagy (vagy 2 közepes) bok choy
- 2 gerezd fokhagyma, felaprítva
- 1 csésze (40 g) reszelt radicchio
- 4 medvehagyma, vékonyra szeletelve
- Kimcsi
- Babcsíra
- 1 recept Miso-Ginger szósz (23. oldal)
- szezámmag

UTASÍTÁS:
a) Melegíts fel fél evőkanál (7 ml) olajat egy nagy serpenyőben közepesen magas lángon. Adjuk hozzá a marhahúst, ízesítsük sóval, borssal, és fakanállal törjük fel a húst barnára és főzzük 6-8 perc alatt. Keverjünk hozzá 1 evőkanál (15 ml) kókuszdió aminosavakat, és főzzük tovább egy percig. Levesszük a tűzről, és belekeverjük a bazsalikomot.

b) Közben egy külön serpenyőben közepes lángon hevíts fel 1 evőkanál (15 ml) olajat. Adjuk hozzá a rizses brokkolit, sózzuk, borsozzuk, és időnként megkeverve főzzük, amíg a brokkoli kissé megpuhul, 3-5 percig. Oszd szét a tálak között.

c) Ugyanabban a serpenyőben felforrósítjuk a maradék 1 evőkanál (15 ml) olajat, hozzáadjuk a bok choy-t, és felforgatjuk. Adjuk hozzá a fokhagymát és egy csipet sót, és időnként megforgatva pároljuk, amíg éppen meg nem fonnyad. Keverje hozzá a maradék ½ evőkanál (7 ml) kókuszdió- aminot, és főzze tovább 1 percig.

d) Tálaláshoz adjuk hozzá a bok choy-t és a radicchio-t a brokkolival ellátott tálakba. A tetejére marhahúst, mogyoróhagymát, kimchit és babcsírát teszünk, meglocsoljuk Miso-Ginger szósszal, és megszórjuk szezámmaggal.

19.Sertéshús és Kimchi Stir-Fry/Kimchi- Jeyuk

ÖSSZETEVŐK:
- 600 g (1 font 5 uncia) kicsontozott sertéslapocka
- 3 evőkanál cukor
- 350 g (12 uncia) kínai kel kimchi
- 10 cm (4 hüvelyk) póréhagyma (fehér rész)
- 50 ml (kevés ¼ csésze) fehér alkohol (szóju vagy gin)
- 40 g (1½ oz) fűszeres pác
- 1 evőkanál erjesztett szardellaszósz

TOFU
- 200 g (7 uncia) kemény tofu
- 3 evőkanál semleges növényi olaj
- Só

UTASÍTÁS:
a) Vágja a sertéshúst vékony szeletekre egy nagyon éles késsel. Szeletelés előtt 4 óráig lefagyasztható. A sertésszeleteket 20 percig pácoljuk a cukorban. Vágja a káposztát 2 cm (¾ hüvelyk) széles csíkokra. Vágja a póréhagymát átlósan 1 cm (½ hüvelyk) vastag szeletekre. A sertéshúshoz keverjük a kimchit, a fehér alkoholt és a fűszeres pácot.

b) Egy serpenyőt erős lángon felhevítünk, és kevergetve 30 percig sütjük a sertés- és kimchi keveréket. Főzés közben adjunk hozzá egy kevés vizet, ha a keverék túl száraznak tűnik. Hozzáadjuk a póréhagymát, és kevergetve további 10 percig pirítjuk. Ízesítjük az erjesztett szardellaszósszal.

c) Közben a tofut 1,5 cm-es (⅝ hüvelyk) téglalapokra vágjuk. Melegítsünk fel egy növényi olajjal megkent serpenyőt. Közepes lángon addig sütjük, amíg minden oldala szép aranybarna nem lesz. Egy spatulával és egy kanállal fordítsa meg a tofudarabokat, hogy ne törjön el. Sütés közben minden oldalát megsózzuk. Főzés után a tofut papírtörlőn hagyjuk kihűlni.

d) Helyezzen egy darab kimchit és sertéshúst egy téglalap tofura, és fogyasszon együtt.

20.Marha tálak cukkinis tésztával és kimchivel

ÖSSZETEVŐK:
- ¾ csésze (125 g) barna rizs
- 2½ csésze (590 ml) víz, elosztva
- Kóser só és frissen őrölt fekete bors
- 1 csésze (110 g) reszelt sárgarépa
- 1 csésze (235 ml) rizsecet
- 2 evőkanál (30 ml) tamari
- 2 teáskanál (12 g) méz
- 1 teáskanál (5 ml) pirított szezámolaj
- ¼ teáskanál pirospaprika pehely
- 1 font (455 g) darált marhahús
- 2 medvehagyma, vékonyra szeletelve
- 1 evőkanál (15 ml) avokádó vagy extraszűz olívaolaj
- 6 csomagolt csésze (180 g) bébispenót
- 2 gerezd fokhagyma, felaprítva
- 8 uncia (225 g) cukkini tészta
- Kimcsi
- 1 recept Miso-Ginger szósz (23. oldal)
- szezámmag

UTASÍTÁS:

a) Adja hozzá a rizst, 1½ csésze (355 ml) vizet és egy csipet sót egy közepes serpenyőbe, és forralja fel. Csökkentse a hőt alacsonyra, fedje le, és főzze, amíg a rizs megpuhul, körülbelül 40 percig. Levesszük a tűzről, és fedő alatt 10 percig pároljuk a rizst.

b) Adja hozzá a felaprított sárgarépát egy közepes tálba. Forralja fel az ecetet, a maradék 1 csésze (235 ml) vizet és 1 teáskanál (6 g) sót egy közepes serpenyőben, és keverje fel, hogy a só feloldódjon. Öntse a forró folyadékot a sárgarépára; félretesz, mellőz.

c) Keverje össze a tamarit, a mézet, a szezámolajat és a pirospaprika pelyhet egy kis tálban; félretesz, mellőz.

d) Melegíts fel egy nagy serpenyőt közepesen magas lángon. Adjuk hozzá a marhahúst, ízesítsük sóval, borssal, és fakanállal törjük fel a húst barnára és főzzük 6-8 perc alatt. Keverje hozzá a tamari keveréket és a mogyoróhagymát, és főzze tovább 1 percig.

e) Közben egy külön serpenyőben közepes lángon felhevítjük az olajat. Adjuk hozzá a spenótot és a fokhagymát, és ízesítsük egy csipet sóval és borssal. 2-3 percig főzzük, időnként megforgatva, amíg meg nem fonnyad.

f) Engedje le a folyadékot a sárgarépáról. Tálaláskor a rizses és cukkinis tésztát tálakba osztjuk. A tetejére marhahúst, fokhagymás spenótot, ecetes sárgarépát és kimchit teszünk. Meglocsoljuk Miso-Ginger szósszal és megszórjuk szezámmaggal.

21. Kimchi sült krumpli

ÖSSZETEVŐK:
- 4 nagy burgonya, krumplira vágva
- 2 evőkanál növényi olaj
- 1 csésze kimchi, lecsepegtetve és apróra vágva
- ¼ csésze majonéz
- 1 evőkanál szezámolaj
- 1 evőkanál szezámmag
- 2 zöldhagyma, vékonyra szeletelve
- Só és bors ízlés szerint

UTASÍTÁS:
a) Melegítsük elő a sütőt 220 C-ra, és béleljünk ki egy tepsit sütőpapírral.
b) Egy nagy tálban dobd meg a burgonya krumplit növényi olajjal, sóval és borssal.
c) A krumplit egy rétegben terítsük a tepsire, és süssük 25-30 percig, vagy amíg ropogós nem lesz.
d) Egy kis tálban keverjük össze a majonézt és a szezámolajat.
e) A krumplit kivesszük a sütőből, és egy tálba tesszük.
f) A krumplit megkenjük apróra vágott kimchivel, meglocsoljuk a szezámmagos majonézes keverékkel, és megszórjuk szezámmaggal és szeletelt zöldhagymával.
g) Tálalja forrón, és élvezze a kimchi krumpli egyedi ízeit.

22.Koreai marhahús és hagymás taco

ÖSSZETEVŐK:
- 2 evőkanál gochujang
- 1 evőkanál szójaszósz
- 2 evőkanál szezámmag
- 2 teáskanál darált friss gyömbér
- 2 gerezd fokhagyma, felaprítva
- 2 evőkanál pirított szezámolaj
- 2 teáskanál cukor
- ½ teáskanál kóser só
- 1½ font (680 g) vékonyra szeletelt marhahústokmány
- 1 közepes vöröshagyma, szeletelve
- 6 kukorica tortilla, melegítve
- ¼ csésze apróra vágott friss koriander
- ½ csésze kimchi
- ½ csésze apróra vágott zöldhagyma

UTASÍTÁS:
a) Keverje össze a gochujangot, a szójaszószt, a szezámmagot, a gyömbért, a fokhagymát, a szezámolajat, a cukrot és a sót egy nagy tálban. Keverjük jól össze.
b) Öntsük a marhahúsdarabot a pácba, nyomkodjuk le, hogy elmerüljön, majd fedjük le a tálat és tegyük hűtőbe, hogy pácolódjon legalább 1 órára.
c) Vegye ki a marhadarabot a pácból, és tegye át egy rácsra. Adjuk hozzá a hagymát a tetejére.
d) Grillezzön 205 ºC-on 12 percig.
e) Keverje össze a keveréket a főzési idő felénél.
f) A tortillákat tiszta munkafelületen kibontjuk, majd a sült marhahúst és a hagymát szétosztjuk a tortillákon.
g) A tetejére szórjuk a koriandert, a kimchit és a zöldhagymát.
h) Azonnal tálaljuk.

23.Koreai Kimchi Jjigae (pörkölt)

ÖSSZETEVŐK:

- ½ kiló sertéshas, vékonyra szeletelve
- 1 kis hagyma, vékonyra szeletelve
- 3 gerezd fokhagyma, felaprítva
- 2 csésze kimchi apróra vágva, levével
- 1 blokk (kb. 14 uncia) puha tofu, kockára vágva
- 2 evőkanál gochugaru (koreai chili por)
- 4 csésze víz vagy sótlan csirkehúsleves
- 2 zöldhagyma apróra vágva (díszítéshez)
- Párolt rizs (a tálaláshoz)

UTASÍTÁS:

a) Kezdje az Instant Pot beállításával a „Sauté" funkcióra.
b) Hozzáadjuk a vékony szeletekre vágott sertéshúst, és kb. 2-3 percig pirítjuk, amíg barnulni kezd, és zsírját el nem kezdi.
c) Adja hozzá a vékonyra szeletelt hagymát és a darált fokhagymát az Instant Pothoz. Pároljuk további 2-3 percig, amíg a hagyma áttetszővé válik.
d) Hozzákeverjük az apróra vágott kimchit és a levét. Pároljuk további 2 percig, hogy az ízek összeérjenek.
e) Adja hozzá a kockákra vágott puha tofut az Instant Pothoz, legyen óvatos, nehogy a tofu összetörjön.
f) szórjuk a gochugarut (koreai chili port) és elkeverjük.
g) Felöntjük vízzel vagy sózatlan csirkehúslevessel, hogy ellepje a hozzávalókat.
h) Zárja le az Instant Pot fedelét, ügyelve arra, hogy a szelep "Sealing" állásban legyen.
i) Válassza ki a "Kézi" vagy a "Nyomású főzés" funkciót nagy nyomáson, és állítsa 5 percre.
j) A főzési ciklus befejezése után a szelepet óvatosan "Légtelenítés" állásba fordítva engedje meg a nyomás gyors felengedését.
k) Óvatosan nyissa ki az Instant Pot fedelét, és alaposan keverje össze a Kimchi Jjigae-t , hogy az összes összetevő jól elkeveredjen.
l) Tálalja az Instant Pot koreai Kimchi Jjigae-t forrón, apróra vágott zöldhagymával díszítve.

24. Kimchi és tofu leves

ÖSSZETEVŐK:
- Növényi olaj, egy evőkanál
- Mogyoróhagyma, hat
- Kimchi, fél csésze
- Csirkeleves, egy csésze
- Szójaszósz, három evőkanál
- Só és bors ízlés szerint
- Fokhagyma és gyömbér paszta, egy evőkanál
- Tofu, egy blokk
- Daikon, egy

UTASÍTÁS:
a) Egy nagy serpenyőben felhevítjük az olajat.
b) Főzzük a mogyoróhagyma, a fokhagyma és a gyömbér fehér és halványzöld részeit, gyakran kevergetve, amíg megpuhulnak és illatosak, körülbelül három percig.
c) Adjuk hozzá a húslevest, majd keverjük hozzá a szójaszószt.
d) Adjuk hozzá a daikont, és óvatosan pároljuk, amíg a daikon megpuhul, tizenöt percig.
e) Adjuk hozzá a kimchit és a tofut.
f) Pároljuk, amíg a tofu át nem melegszik.
g) Óvatosan elosztjuk a tálak között.
h) A leves készen áll a tálalásra.

25.Kimchi és kéksajtos croissant

ÖSSZETEVŐK:
- ½ adag anyatészta, kelesztve
- 105 g liszt, porozáshoz [¼ csésze]
- 1 adag Kimchi vaj
- 200 g kéksajt, morzsolva [7 uncia (1 csésze)]
- 1 tojás
- 4 g víz [½ teáskanál]

UTASÍTÁS:
a) Gyúrjuk le és simítsuk el a tésztát egy sima, száraz munkalapon. A pultot, a tésztát és a sodrófát meghintjük liszttel, majd a tésztát körülbelül 8 × 12 hüvelyk méretű és egyenletes vastagságú téglalappá nyújtjuk.
b) Fogd ki a hűtőből a vajpárnát, és helyezd rá a tésztatéglalap egyik felére. A tészta téglalap másik felét hajtsd rá a vajpárnára, és szorítsd össze a széleit.
c) Fedjük le műanyag fóliával, és hagyjuk 10 percig szobahőmérsékleten pihenni.
d) A croissant elkészítéséhez 3 „dupla könyves" kört kell a tésztába tenni, hogy elegendő mennyiségű liszt- és vajréteg alakuljon ki ahhoz, hogy a croissant megkeljen és felfújja a sütőben.
e) Az első kettős könyvfordulat elkészítéséhez liszttel szórja be a pultfelületet, a sodrófát és a tésztát, ne felejtse el a tészta alá is beszórni. Nyújtsa ki a tésztát ismét 8 × 12 hüvelyk méretű, egyenletes vastagságú téglalappá.
f) Legyen óvatos a sodrófával, ügyeljen arra, hogy ne törjön bele a vajköteg egyetlen részébe, és ne hengerelje fel olyan keményre, hogy a vaj kiguruljon a tésztából. Ügyeljen arra, hogy ne maradjon túl sok liszt a tésztán vagy alatta – a felesleget porolja le a kezével.
g) A tésztát vizuálisan hosszában negyedekre osztjuk. Hajtsa a két külső negyedet a tészta téglalapjának középső tengelyéhez vagy gerincéhez, hogy a közepén találkozzanak. Ezután zárja be a könyvet úgy, hogy az egyik széle találkozzon a másikkal, és a gerinc most az egyik oldalon. Lazán csomagold be műanyagba, és tedd be a hűtőbe 30 percre.

h) Ismételje meg még kétszer a 2. és 3. lépést, hogy összesen 3 fordulatot hajtson végre, minden alkalommal, amikor elkezdi a fordulatot, ügyeljen arra, hogy a tészta nyitott szélei vagy varratai Öntől elfelé nézzenek. Néha 1, 2 vagy 3-at írunk a tészta becsomagolásához használt műanyagra, miközben beletesszük a tekercseket, hogy ne veszítsünk el. Ha túl sok fordulatot tesz be, nem károsítja a tésztát; ha kihagy egyet, akkor a végén nagyot fog csalódni a puha testű croissant-jában.
i) Az utolsó és utolsó kinyújtáshoz liszttel szórja be a pultfelületet, a sodrófát és a tésztát, ne felejtse el a tészta alá is szórni. Nyújtsa ki a tésztát 8 × 12 hüvelyk méretű és egyenletes vastagságú téglalappá.
j) Vágja fel a tésztát egy vágókéssel vagy egy pizzavágóval 5 háromszögre, mindegyik 8 hüvelyk hosszú a leghegyebb hegyétől az oldal közepéig, és 4 hüvelyk széles az alján.
k) Osszuk el a kéksajtot a croissant-ok között úgy, hogy minden háromszög széles alsó végének közepébe helyezzük. A kéksajtos végétől kezdve az egyik kezével kezdje el a tésztát a háromszög csúcsa felé hengerelni, míg a másik kezével a hegyét fogja meg és finoman nyújtja el.
l) Folytassa, amíg a háromszög teljesen fel nem tekeredett félhold alakúra. Ügyeljen arra, hogy a háromszög hegye a félhold teste alá legyen betéve, különben kibomlik a sütőben. Tekerje fel a törmeléket kimchi kifli csomókká, vagy készítsen kismalacokat takarókban!
m) Tegye át a kifliket egy sütőpapírral bélelt tepsibe, 6 hüvelyk távolságra elrendezve őket. Enyhén fedje le műanyaggal, és hagyja szobahőmérsékleten a duplájára kelni, körülbelül 45 percig.
n) Melegítsük elő a sütőt 375 °F-ra.
o) Egy kis tálban habosra keverjük a tojást és a vizet. Egy ecsettel bőségesen kenje be a croissant tetejét tojásmosóval.
p) Süssük a kifliket 20-25 percig, vagy amíg duplájára nőnek, a szélük karamellizálódik, és egy kérges külső réteg lesz, ami koppintva üregesnek tűnik. A sütőből kivéve gyilkosak, szobahőmérsékleten pedig finomak.

26.Kimchi tészta saláta

ÖSSZETEVŐK:
- 1 font barna rizstészta, megfőzve, lecsepegtetve és hűtésre öblítve
- 2½ csésze apróra vágott káposzta kimchi
- 3-4 evőkanál gochujang
- 1 csésze mungóbab csíra
- 4 zöldhagyma (fehér és zöld részek), vékonyra szeletelve
- 1 közepes uborka félbevágva, kimagozva és vékonyra szeletelve
- 2 evőkanál szezámmag, pirítva

UTASÍTÁS:
a) Helyezze a rizstésztát, a kimchit, a gochujang-ot és a mungbabcsírát egy nagy tálba, és jól keverje össze.
b) Tálaláskor osszuk el a keveréket négy különálló tányér között, és díszítsük mindegyiket zöldhagymával, uborkaszeletekkel és szezámmaggal.

27.Lazac és Kimchi Mayo Poke-val

ÖSSZETEVŐK:
- 2 tk. szója szósz
- 1 tk. reszelt friss gyömbér
- 1/2 tk. finomra vágott fokhagyma
- 1 font lazac, 3/4 hüvelykes darabokra vágva
- 1 tk. pirított szezámolaj
- 1/2 c. apróra vágott kimchi
- 1/2 c. vékonyra szeletelt mogyoróhagyma (csak zöld részek)
- Só ízlés szerint

UTASÍTÁS:
a) Egy kis tálban keverjük össze a szójaszószt, a gyömbért és a fokhagymát. Keverjük össze, és hagyjuk állni a gyömbért és a fokhagymát körülbelül 5 percig, hogy megpuhuljanak.
b) Egy közepes tálban dobd meg a lazacot a szezámolajjal, amíg egyenletesen bevonat nem lesz – ez megakadályozza, hogy a kimchiben lévő savak "főzzék" a halat. Adjuk hozzá a kimchit, a mogyoróhagymát és a szójaszósz keveréket.
c) Óvatosan hajtsa össze, amíg alaposan össze nem keveredik. Kóstolja meg, és szükség szerint adjon hozzá sót; ha a kimchi már jól be van fűszerezve, lehet, hogy nem kell só.
d) Azonnal tálaljuk, vagy szorosan letakarva tegyük hűtőbe akár egy napig. Ha hagyjuk pácolódni, közvetlenül tálalás előtt kóstoljuk meg újra; lehet ízesíteni kell egy csipet sóval.

28.Kimchi Lazac Poke

ÖSSZETEVŐK:
- 2 tk. szója szósz
- 1 tk. reszelt friss gyömbér
- 1/2 tk. finomra vágott fokhagyma
- 1 font lazac, 3/4 hüvelykes darabokra vágva
- 1 tk. pirított szezámolaj
- 1/2 c. apróra vágott kimchi
- 1/2 c. vékonyra szeletelt mogyoróhagyma (csak zöld részek)
- Só ízlés szerint

UTASÍTÁS:
a) Egy kis tálban keverjük össze a szójaszószt, a reszelt friss gyömbért és a darált fokhagymát. Keverjük össze, és hagyjuk állni a gyömbért és a fokhagymát körülbelül 5 percig, hogy megpuhuljanak.

b) Egy közepes tálban dobd meg a lazacot pirított szezámolajjal, amíg egyenletesen bevonat nem lesz. Ez megakadályozza, hogy a kimchiben lévő savasság "főzze" a halat.

c) Adjuk hozzá az apróra vágott kimchit, a vékonyra szeletelt mogyoróhagymát és a szójaszószos keveréket a lazacos tálba. Óvatosan hajtsa össze, amíg alaposan össze nem keveredik.

d) Kóstoljuk meg a pogácsát, és szükség szerint sózzuk. Ha a kimchi már jól be van fűszerezve, akkor lehet, hogy nem kell további só.

e) Azonnal tálaljuk, vagy szorosan letakarva tegyük hűtőbe akár egy napig. Pácolás esetén közvetlenül tálalás előtt kóstoljuk meg újra, és ha szükséges, sózzuk.

29.Koreai Bbq Sertés Poke Bowl

ÖSSZETEVŐK:
- 1 kg sertés csikk, vékonyra szeletelve
- 1/4 csésze szójaszósz
- 2 evőkanál gochujang (koreai pirospaprika paszta)
- 1 evőkanál szezámolaj
- 1 evőkanál barna cukor
- 1 csésze kimchi
- 1 uborka, szeletelve
- 2 csésze főtt rövid szemű rizs
- Szezámmag a díszítéshez

UTASÍTÁS:
a) A pác elkészítéséhez keverje össze a szójaszószt, a gochujangot, a szezámolajat és a barna cukrot.
b) Pácoljuk a vékonyra szeletelt sertéshúst a keverékben legalább 30 percig.
c) A pácolt sertéshúst forró serpenyőben süsd barnára és átsül.
d) Állítsa össze a tálakat rövid szemű rizs alapjául.
e) Tetejét koreai BBQ sertéshússal, kimchivel, szeletelt uborkával megszórjuk, és szezámmaggal megszórjuk.

30.Probiotikus tavaszi tekercs

ÖSSZETEVŐK:
A TAVASZI TEkercsekhez:
- 8-10 rizspapír csomagolóanyag
- 2 csésze vegyes friss zöldség (pl. saláta, uborka, sárgarépa, kaliforniai paprika), juliening
- 1 csésze friss fűszernövények (pl. menta, koriander, bazsalikom)
- 1 csésze kimchi vagy savanyú káposzta, lecsepegtetve és apróra vágva
- 1 csésze főtt fehérje (pl. főtt garnélarák, tofu vagy aprított csirke) (opcionális)
- Rizs cérnametélt, főtt és hűtött (opcionális)

A mártogatós szószhoz:
- ¼ csésze szójaszósz vagy tamari (gluténmentes opcióhoz)
- 2 evőkanál rizsecet
- 1 evőkanál méz vagy juharszirup
- 1 gerezd fokhagyma, felaprítva
- ½ teáskanál reszelt friss gyömbér
- Egy csipetnyi pirospaprika pehely (elhagyható, melegítés céljából)
- Szezámmag vagy darált földimogyoró a díszítéshez (elhagyható)

UTASÍTÁS:

a) Julienne a vegyes friss zöldségeket, aprítsa fel a fűszernövényeket, és csepegtesse le és aprítsa fel a kimchit vagy a savanyú káposztát. Ha fehérjét használ (garnélarák, tofu vagy csirke), főzze meg és készen áll. Ízlés szerint főzzük meg a rizses cérnametélteket, és hagyjuk kihűlni.
b) Töltsön meg egy nagy, sekély edényt meleg vízzel. Mártson egy rizspapír csomagolóanyagot a meleg vízbe körülbelül 10-15 másodpercre, vagy amíg hajlékony lesz.
c) Helyezze a megpuhult rizspapír csomagolóanyagot tiszta, sima felületre.
d) Kezdje azzal, hogy a csomagolás közepére tesz egy kis maroknyi vegyes friss zöldséget és fűszernövényt.
e) Ha fehérjét vagy tésztát használsz, tedd a zöldségek tetejére.
f) A többi hozzávalóra kanalazzon egy-két evőkanál apróra vágott kimchit vagy savanyú káposztát.
g) Hajtsa rá a rizspapír oldalát a töltelékre.
h) Kezdje alulról tekerni, menet közben szorosan rátapogatja a töltelékets.
i) Addig tekerjük, amíg a rugós tekercs le nem záródik, és a varrás az aljára kerül.
j) Folytassa a tavaszi tekercsek készítését a többi hozzávalóval.
k) Egy kis tálban keverjük össze a szójaszószt vagy tamarit, a rizsecetet, a mézet vagy juharszirupot, a darált fokhagymát, a reszelt gyömbért és a pirospaprika pelyhet, ha meleget szeretnénk.
l) Tálaljuk a probiotikus tavaszi tekercseket a mártogatós szósszal az oldalára.
m) Ízlés szerint szezámmaggal vagy apróra vágott mogyoróval díszítjük.

31.Kimchi Ramen

ÖSSZETEVŐK:
- 8 csésze víz
- 4 csomag ramen tészta (a fűszercsomagokat dobja ki)
- 2 csésze kimchi, apróra vágva
- 4 csésze zöldség- vagy gombaleves
- 1 csésze szeletelt shiitake gomba
- 1 csésze bébispenót
- 2 zöldhagyma, szeletelve
- 2 evőkanál szójaszósz (vagy tamari gluténmentes opcióhoz)
- 2 evőkanál szezámolaj
- 2 teáskanál rizsecet
- 1 teáskanál reszelt gyömbér
- 1 teáskanál darált fokhagyma
- ½ teáskanál pirospaprika pehely (a fűszerek ízlése szerint módosíthatja)
- Lágyra főtt vagy tükörtojás a díszítéshez (elhagyható)

UTASÍTÁS:
a) Egy nagy fazékban forraljunk fel 8 csésze vizet. Adjuk hozzá a ramen tésztát, és főzzük a csomagoláson található utasítások szerint, amíg al dente nem lesz. Lecsepegtetjük és félretesszük.
b) Ugyanabban az edényben keverjük össze az apróra vágott kimchit, a zöldség- vagy gombalevest, a szeletelt shiitake gombát, a babaspenótot és a zöldhagymát. Forraljuk fel a keveréket.
c) Egy kis tálban keverje össze a szójaszószt, a szezámolajat, a rizsecetet, a reszelt gyömbért, a darált fokhagymát és a pirospaprika pehelyet, hogy elkészítse a kimchi ramen fűszerezést.
d) Öntsük a fűszereket a forrásban lévő húslevesbe, és keverjük össze. Pároljuk további 5 percig, hogy az ízek összeérjenek.
e) Osszuk el a főtt ramen tésztát négy tálba.
f) Öntsük a kimchi ramen levest a tésztára.
g) Ha szükséges, minden edény tetejére tegyen egy puhára főtt vagy tükörtojást a fehérje hozzáadásához.
h) Tálalja a Kimchi Ramen-t ízletes és probiotikumokban gazdag komfortételként.

32.Fermentált zöldségpörkölt

ÖSSZETEVŐK:

- 2 csésze vegyes erjesztett zöldség (pl. savanyú káposzta, kimchi, savanyúság)
- 1 hagyma, apróra vágva
- 2 sárgarépa, kockára vágva
- 2 zellerszár, felkockázva
- 2 gerezd fokhagyma, felaprítva
- 6 csésze zöldségleves
- 1 doboz (14 oz) kockára vágott paradicsom
- 1 csésze főtt bab (pl. vesebab, feketebab)
- 1 teáskanál szárított kakukkfű
- Só és bors ízlés szerint
- Friss fűszernövények a díszítéshez (pl. petrezselyem, kapor)

UTASÍTÁS:

a) Egy nagy fazékban közepes lángon felhevítünk egy kis olajat. Adjuk hozzá az apróra vágott hagymát, a kockára vágott sárgarépát és a zellert. Pároljuk, amíg a zöldségek kezdenek puhulni, körülbelül 5 percig.
b) Keverjük hozzá a darált fokhagymát, és pároljuk még egy percig, amíg illatos lesz.
c) Adjuk hozzá a kevert erjesztett zöldségeket, a zöldséglevest, a kockára vágott paradicsomot (levével), a főtt babot és a szárított kakukkfüvet. Forraljuk fel a keveréket.
d) Csökkentse a hőt alacsonyra, fedje le, és párolja körülbelül 20-25 percig, hogy az ízek összeérjenek.
e) A pörköltet ízlés szerint sózzuk, borsozzuk.
f) Tálalás előtt díszítsük friss fűszernövényekkel.

33.Quinoa és Kimchi saláta

ÖSSZETEVŐK:
- 1 csésze quinoa, megfőzve és lehűtve
- 1 csésze kimchi, apróra vágva
- ½ csésze uborka, kockára vágva
- ½ csésze piros kaliforniai paprika, kockára vágva
- 2 zöldhagyma, szeletelve
- 2 evőkanál szójaszósz (vagy tamari gluténmentes opcióhoz)
- 1 evőkanál szezámolaj
- 1 evőkanál rizsecet
- 1 teáskanál méz vagy juharszirup
- Szezámmag és apróra vágott koriander a díszítéshez (opcionális)

UTASÍTÁS:
a) Egy nagy keverőtálban keverje össze a főtt és kihűtött quinoát, az apróra vágott kimchit, a kockára vágott uborkát, a kockára vágott piros kaliforniai paprikát és a szeletelt zöldhagymát.

b) Egy külön tálban keverje össze a szójaszószt, a szezámolajat, a rizsecetet és a mézet (vagy juharszirupot) az öntet elkészítéséhez.

c) Öntsük az öntetet a quinoa és a kimchi keverékre. Az egészet jól összekeverjük.

d) Fedjük le a salátát, és tegyük hűtőbe legalább 30 percre, hogy az ízek összeérjenek.

e) Tálalás előtt szezámmaggal és apróra vágott korianderrel díszítjük.

34. Probiotikus Guacamole

ÖSSZETEVŐK:
- 3 érett avokádó, meghámozva és kimagozva
- ½ csésze sima görög joghurt (vagy tejmentes alternatíva)
- ½ csésze kockára vágott paradicsom
- ¼ csésze kockára vágott vöröshagyma
- ¼ csésze apróra vágott friss koriander
- 1 gerezd fokhagyma, felaprítva
- 1 lime leve
- Só és bors ízlés szerint
- Opcionális: ½ csésze apróra vágott kimchi az extra probiotikus jóságért

UTASÍTÁS:
a) Egy keverőtálban törje össze az érett avokádót villával vagy burgonyanyomóval, amíg sima vagy kívánt darabos nem lesz.
b) Adjuk hozzá a sima görög joghurtot, a kockára vágott paradicsomot, a kockára vágott lilahagymát, az apróra vágott koriandert, a darált fokhagymát és a lime levét a tört avokádóhoz.
c) Az egészet jól összekeverjük.
d) Ha további probiotikus hatást szeretne hozzáadni, hajtsa bele az apróra vágott kimchit.
e) Fűszerezze a Probiotikus Guacamole-t sóval és borssal ízlés szerint.
f) Tálaljuk tortilla chipsekkel, zöldségrudakkal, vagy taco és burrito feltétként.

35.Kimchi szósz

ÖSSZETEVŐK:
- 1 csésze koreai chili pehely
- ½ csésze víz
- 4 evőkanál fokhagyma paszta
- 2 teáskanál darált friss gyömbér
- 1 evőkanál finom tengeri só
- 2 evőkanál agave szirup

UTASÍTÁS:
a) Tegye az összes hozzávalót egy keverőtálba. Gumi spatulával sima masszává keverjük. Tegye át a pasztát egy fedővel ellátott üvegedénybe.
b) Hűtőben 2 hónapig eláll, ha légmentesen lezárva.

36.Kocka Daikon Retek Kimchi

ÖSSZETEVŐK:
- 2 font daikon retek (2 nagy), 1 hüvelykes kockákra szeletelve
- 2 evőkanál durva tengeri só
- ½ csésze Kimchi szósz
- 4 zöldhagyma, 1 hüvelyk hosszúságúra szeletelve
- 1 kis alma, meghámozva, kimagozva és lereszelve

UTASÍTÁS
a) Helyezze a daikon kockákat és az opcionális leveleket egy nagy tálba. Megszórjuk tengeri sóval, és szobahőmérsékleten 2 órára félretesszük, hogy megfonnyadjon.
b) Öntsön le minden folyadékot a daikonból, és tegye a kockákat és a leveleket egy száraz tálba. Adjuk hozzá a Kimchi szószt. Vegyen fel egy pár kesztyűt, majd dörzsölje be, hogy bevonja a daikont a Kimchi szósszal. Adjuk hozzá a zöldhagymát és az almát, és jól keverjük össze.
c) Helyezze a keveréket egy 1 literes üvegedénybe, és szorosan zárja le a fedelet. Hagyjuk egy napig szobahőmérsékleten pácolódni. Felbontás után hűtsük le.
d) 2 hétig eláll a hűtőben.

37.Sós palacsinta

ÖSSZETEVŐK:
- 1-1/2 csésze bőrös, sárga mungbab
- 1 csésze gyümölcslé
- 1/4 csésze víz
- 3/4 csésze apróra vágott kimchi
- 1/2 csésze babcsíra
- 3 zöldhagyma felszeletelve, 3 hüvelykes darabokra vágva
- 1 evőkanál darált fokhagyma
- 1 evőkanál darált gyömbér
- 1 evőkanál halszósz
- 1 evőkanál szezámolaj
- Főzőolaj

MÁRTOGATÓS
- 1/2 csésze szójaszósz
- 1/4 csésze rizsecet
- 1 evőkanál szezámolaj
- 1/2 teáskanál gochucharu
- 1/4 teáskanál szezámmag
- 1 apróra vágott zöldhagyma

UTASÍTÁS:
a) Áztasd be a mungóbabot egy éjszakára vízbe. Tegye a babot, a kimchit, a gyümölcslevet, a vizet, a fokhagymát, a gyömbért, a halszószt és a szezámolajat egy turmixgépbe.
b) A hozzávalókat addig forraljuk, amíg tésztává nem keverednek. Ne keverjük túl : a tészta legyen durva és kissé kavicsos. Ha túl sűrű, adjunk hozzá még egy kis vizet. Tegye a tésztát egy nagy tálba, és keverje hozzá a kimchit, a babcsírát és a zöldhagymát. Forró, olajozott serpenyőben adagonként csepegtesse a tésztát.
c) Mindkét oldalát barnára és ropogósra sütjük. A palacsintákat papírtörlőre helyezzük, hogy felszívja a felesleges olajat. Fogyasszunk mártogatós szósszal.

38.Szalonna és Kimchi Paella csirkével

ÖSSZETEVŐK:

- 1 csésze Arborio rizs (vagy bármilyen rövid szemű rizs, amely alkalmas paellához)
- 2 csont nélküli, bőr nélküli csirkemell, falatnyi darabokra vágva
- 4-6 szelet bacon, apróra vágva
- 1 csésze kimchi, apróra vágva
- 1 hagyma, finomra vágva
- 2 gerezd fokhagyma, felaprítva
- 1 piros kaliforniai paprika, szeletelve
- 1 csésze fagyasztott borsó
- 1 teáskanál paprika
- ½ teáskanál füstölt paprika (elhagyható)
- ¼ teáskanál sáfrány szál (opcionális)
- 2 csésze csirkehúsleves
- ½ csésze fehérbor
- Só és fekete bors ízlés szerint
- 2 evőkanál olívaolaj
- Díszítésnek apróra vágott friss petrezselymet

UTASÍTÁS:

a) Először áztasd be a sáfrányszálakat 2 evőkanál meleg vízbe, és tedd félre. Ez segít felszabadítani ízét és színét.

b) Egy nagy, lapos fenekű serpenyőben vagy paella serpenyőben hevítsük fel az olívaolajat közepesen magas lángon. Hozzáadjuk az apróra vágott szalonnát, és ropogósra sütjük. Vegyük ki a bacont a serpenyőből, és tegyük félre, a szalonnazsírt hagyjuk a serpenyőben.

c) A csirkedarabokat sóval, fekete borssal és paprikával ízesítjük. Adjuk hozzá a csirkét ugyanabba a serpenyőbe, és főzzük, amíg megpirul és átsül. Vegye ki a csirkét a serpenyőből, és tegye félre.

d) Ugyanabban a serpenyőben adjuk hozzá az apróra vágott hagymát, fokhagymát és a szeletelt piros kaliforniai paprikát. Addig pároljuk, amíg a hagyma áttetszővé nem válik, és a paprika megpuhul.

e) Adja hozzá az Arborio rizst a serpenyőbe, és keverje pár percig, hogy a rizs kissé megpiruljon.

f) Felöntjük a fehérborral, és addig főzzük, amíg a rizs nagy részét fel nem szívja.
g) Adjuk hozzá az apróra vágott kimchit és a főtt szalonnát a serpenyőbe, és keverjük össze az egészet.
h) Adja hozzá a sáfrányszálakat az áztatófolyadékkal, a füstölt paprikával (ha használ) és 1 csésze csirkehúslevessel. Jól keverjük össze.
i) Továbbra is főzzük a paellát közepes lángon, szükség szerint adjunk hozzá még csirkehúslevest, és időnként keverjük meg. A rizsnek fel kell szívnia a folyadékot, és krémessé kell válnia, miközben enyhe harapás (al dente) marad. Ez körülbelül 15-20 percet vesz igénybe.
j) A főzés utolsó perceiben a fagyasztott borsót és a főtt csirkét visszatesszük a serpenyőbe. Addig keverjük, amíg a borsó át nem melegszik.
k) Kóstoljuk meg a paellát, és ízlés szerint fűszerezzük sóval és fekete borssal.
l) Ha a rizs teljesen megfőtt, és a folyadék nagyrészt felszívódik, vegye le a paellát a tűzről, és tálalás előtt hagyja néhány percig pihenni.
m) Díszítsd apróra vágott friss petrezselyemmel, és forrón tálald a bacont és a Kimchi paellát csirkével.

39.Koreai marhahús és Kimchi grillezett sajt

ÖSSZETEVŐK:
- 8 uncia főtt koreai stílusú marhahús (bulgogi), vékonyra szeletelve
- 4 szelet provolon sajt
- ½ csésze kimchi, lecsepegtetve és apróra vágva
- 4 szelet kenyér
- Kenéshez vaj

UTASÍTÁS:
a) Mindegyik kenyérszelet egyik oldalát kivajazzuk.
b) Helyezzen egy szelet provolone sajtot egy kenyérszelet ki nem vajazott oldalára.
c) A tetejére egy réteg főtt koreai stílusú marhahúst teszünk.
d) A marhahús tetejére terítsünk egy réteg apróra vágott kimchit.
e) Fedjük be egy másik szelet provolone sajttal és egy másik kenyérszelettel (vajazott felével felfelé).
f) Ismételje meg a maradék kenyérszeletekkel és a töltelékkel.
g) Melegíts fel egy serpenyőt közepes lángon, és helyezd rá a szendvicseket.
h) Addig főzzük, amíg a kenyér aranybarna nem lesz, a sajt pedig elolvad, félidőben megfordítjuk.
i) Levesszük a tűzről, félbevágjuk, és forrón tálaljuk.

40.Koreai Szegy és Kimchi Burger

ÖSSZETEVŐK:
- 500 g marha szegy, darálva
- 125 g folt, héja eltávolítva, ledarálva
- ⅓ csésze (80 ml) világos szójaszósz
- Napraforgóolaj, fogmosáshoz
- 6 db újhagyma, sötétzöld része vékonyra szeletelve, halvány része félbevágva
- 2 zöld paprika, hosszában negyedelve
- 6 db briós burger zsemle, felhasítva, olajjal megkenve, fekete szezámmaggal megszórva
- Kewpie majonéz és gochujang (koreai chili paszta), tálaláshoz

A GYORS KIMCHIHEZ:
- ¼ csésze (55 g) só
- ⅓ kínai kel (wombok), szeletelve
- 4 gerezd fokhagyma, összetörve
- ¼ csésze (55 g) porcukor
- 2 evőkanál halszósz
- 1 evőkanál szárított chili pehely

UTASÍTÁS:
a) Keverje össze a darált szegyet, a darált foltot és 2 evőkanál szójaszószt. A keverékből 6 pogácsát formázunk, és elsimítjuk. Kenjük meg a pogácsákat a maradék 2 evőkanál szójaszósszal. Hűtsük le őket 30 percig.
b) Egy tálban keverje össze a sót, a szeletelt kínai kel és 2 csésze (500 ml) forró vizet. Fedjük le és tegyük félre 15 percre. Öblítsük le és csepegtessük le a káposztát. Hozzákeverjük a felszeletelt sötét újhagymát és a maradék kimchi hozzávalókat.
c) Egy chargrill serpenyőt erős lángon felhevítünk, és megkenjük olajjal. Főzzük a paprikát és a félbevágott halvány újhagymát 2-3 percig, vagy amíg megpuhulnak. Távolítsa el őket, és tegye félre.
d) Kenjük meg a grillserpenyőt még egy kevés olajjal. A pogácsákat mindkét oldalukon 2 percig sütjük. Csökkentse a hőt közepesre, és süsse további 3 percig mindkét oldalát, vagy amíg megpirulnak és átsülnek.

A BURGEREK ÖSSZEÁLLÍTÁSA:
e) A zsemlealapokat megkenjük majonézzel. A tetejükre paprika, pogácsák, chili paszta, újhagyma, kimchi és zsemlefedő kerül. Tálalja ízletes koreai szegyét és Kimchi hamburgereit!
f) Élvezze az ízek egyedülálló fúzióját ebben a burgerben!

41. Soy Curl Kimchee tavaszi tekercs

ÖSSZETEVŐK:

- 1 csésze Soy Curl Fries vagy vegán fagyasztott csirke csíkok
- 1 kis sárgarépa
- 4 friss bazsalikom levél
- 1/2 csésze házi vagy bolti vegán kimchee
- 4 (6-8 1/2 hüvelykes) rizspapír ív
- 2-3 fröccs repceolaj

UTASÍTÁS:

a) Készítsd el a Soy Curl krumplit. Ha vegán csirkecsíkokat használunk, olvasszuk fel, és vágjuk hosszában ketté.
b) A sárgarépát gyufaszálra vágjuk, a gyufaszálakat pedig negyedekre osztjuk.
c) Mártson 1 rizspapírlapot meleg vízbe 5 másodpercre, vagy amíg megnedvesedik. Helyezze a nedves rizspapírt egy munkafelületre, és hagyja állni 30 másodpercig, vagy amíg hajlékony lesz. Tegyünk 1 bazsalikomlevelet a rizspapírra. Adjon hozzá a sárgarépa gyufaszálának egynegyedét, 2 evőkanál kimchee-t és 1/4 csésze szójafürt krumplit.
d) Tekerje fel a rizspapírt úgy, hogy a szélét lehúzza a vágódeszkáról. Tekerjük rá a tölteléket, miközben összeszedjük, és a tölteléket a csomagolás alá helyezzük, addig tekerjük, amíg a papír végére nem ér. Ismételje meg ezt a folyamatot, amíg 4 rugótekercset nem készít.
e) Permetezzen 1-2 fröccs repceolajat a légsütő kosarára. Helyezze a rugós tekercseket a légsütő kosárba, és permetezze meg a tekercsek tetejét a maradék 1-2 fröccs olajjal. 400°F-on 6 percig főzzük, a főzési idő felénél rázzuk.

42. Egyedényes Kimchi Ramen

ÖSSZETEVŐK:
- 8 uncia sertéshas (bőr nélkül), szeletelve

A sertéspáchoz:
- 3 gerezd fokhagyma, felaprítva
- 1 evőkanál friss gyömbér, darálva
- 1 evőkanál sherry
- 1 evőkanál szójaszósz

A KIMCHI RAMEN SZÁMÁRA:
- 4 lágy főtt tojás, félbevágva
- ½ közepes hagyma, vékonyra szeletelve
- 1 csésze shiitake gomba, szeletelve
- Fél blokk kemény tofu, szeletelve
- 4 uncia enoki gomba
- 4 baba bok choy, felezve
- 1 csésze kimchi, szorosan becsomagolva
- ½ csésze kimchi lé
- 4 csésze csirke csontleves (2 karton)
- 2 evőkanál fűszeres pirospaprika paszta
- 1 evőkanál koreai pirospaprika por
- 2 csomag ramen
- Díszítéshez apróra vágott zöldhagyma

UTASÍTÁS:
a) Keverje össze a sertés pác összes hozzávalóját egy közepes tálban.
b) Vágja a sertéshús szeleteket 2 hüvelyk hosszú darabokra. Adjuk hozzá a sertéshúst a páchoz. Jól elkeverjük és félretesszük.
c) Egy kis serpenyőben forraljunk fel 2 csésze vizet. Óvatosan tegyük a tojásokat a forrásban lévő vízbe. Hagyjuk 5 percig főni. Vegyük ki a tojásokat a serpenyőből, és tegyük hideg vízbe.
d) Közben a hagymát, a shiitake gombát és a tofut felszeleteljük; az enoki gombát megtisztítjuk és a végét levágjuk; mossa meg a baby bok choy-t és vágja ketté. Tegye félre az összes elkészített hozzávalót.
e) Egy közepes serpenyőben főzzük a pácolt sertéshúst közepesen magas lángon körülbelül 2 percig, gyakran kevergetve.
f) Adjuk hozzá a hagymát és a kimchit. Pároljuk illatosra, körülbelül 2 percig.
g) Hozzáadjuk a kimchi levét, a húslevest, a pirospaprika pépet, a pirospaprika port, és felforraljuk.
h) Ha felforrt a húsleves alapja, adjuk hozzá a ramen-t és a shiitake gombát. Hagyjuk 3 percig főni.
i) Adjuk hozzá a tofut, az enoki gombát és a bok choy-t, és főzzük 2 percig, vagy amíg a ramen megpuhul. Kapcsolja ki a hőt.
j) A tojásokat meghámozzuk és félbevágjuk.
k) Tálaljuk a kimchi ramen-t, és félbevágott tojással tálaljuk. Díszítsük apróra vágott zöldhagymával.

43.Kimchi sült rizs

ÖSSZETEVŐK:

- 2 csésze főtt barna rizs
- 1 csésze kimchi, apróra vágva
- 1 sárgarépa, finomra vágva
- 1 csésze spenót, apróra vágva
- 2 evőkanál szójaszósz
- 1 evőkanál szezámolaj
- 1 zöldhagyma, szeletelve

UTASÍTÁS:

a) Egy serpenyőben puhára pároljuk a sárgarépát. Adjuk hozzá a spenótot és főzzük, amíg meg nem fonnyad.
b) Adjuk hozzá a kimchit a serpenyőbe, és kevergetve pirítsuk 2 percig.
c) Adjuk hozzá a főtt rizst, a szójaszószt és a szezámolajat. Keverjük jól össze.
d) Szeletelt zöldhagymával díszítjük, és forrón tálaljuk.

44.Kimchi Slaw

ÖSSZETEVŐK:
- 2 csésze reszelt Napa káposzta
- 1 csésze reszelt sárgarépa
- 1/2 csésze kimchi, apróra vágva
- 2 evőkanál rizsecet
- 1 evőkanál szezámolaj
- 1 evőkanál méz
- Szezámmag a díszítéshez

UTASÍTÁS:
a) Egy nagy tálban keverje össze a felaprított káposztát, a sárgarépát és a kimchit.
b) Egy külön tálban keverje össze a rizsecetet, a szezámolajat és a mézet. Ráöntjük a tálra, és összeforgatjuk.
c) Tálalás előtt szezámmaggal díszítjük.

45. Kimchi Quesadillas

ÖSSZETEVŐK:
- Lisztes tortilla
- 1 csésze kimchi, apróra vágva
- 1 csésze reszelt cheddar sajt
- 1/2 csésze főtt és felaprított csirke (opcionális)
- 2 evőkanál tejföl (a tálaláshoz)

UTASÍTÁS:
a) Helyezzen egy tortillát egy felforrósított serpenyőre.
b) Szórjunk rá egy réteg cheddar sajtot, adjunk hozzá apróra vágott kimchit és csirkét (ha használunk). A tetejére még egy réteg sajtot teszünk, és egy újabb tortillát teszünk rá.
c) Addig főzzük, amíg a sajt megolvad, és a tortillák mindkét oldala aranybarnára sül.
d) Szeleteljük kockákra, és egy kanál tejföllel tálaljuk.

46.Kimchi avokádó pirítós

ÖSSZETEVŐK:
- 4 szelet teljes kiőrlésű kenyér
- 1 érett avokádó, pépesítve
- 1 csésze kimchi, lecsepegtetve és apróra vágva
- Szezámmag a díszítéshez
- Pirospaprika pehely (elhagyható)

UTASÍTÁS:
a) Ízlés szerint pirítsuk meg a kenyérszeleteket.
b) Minden szeletre egyenletesen eloszlatjuk a tört avokádót.
c) Tetejét apróra vágott kimchivel megszórjuk és szezámmagot (ha szeretünk egy kis meleget, pirospaprika pehelyet) szórunk rá.

47. Kimchi Tofu Stir-Fry

ÖSSZETEVŐK:
- 1 blokk kemény tofu, kockára vágva
- 1 csésze kimchi, apróra vágva
- 1 csésze brokkoli rózsa
- 1 kaliforniai paprika, szeletelve
- 2 evőkanál szójaszósz
- 1 evőkanál szezámolaj
- 1 evőkanál méz
- Főtt rizs tálaláshoz

UTASÍTÁS:
a) Egy serpenyőben pirítsd a tofut aranybarnára. Adjuk hozzá a brokkolit és a kaliforniai paprikát.
b) Keverje hozzá az apróra vágott kimchit, és főzze további 2-3 percig.
c) Egy kis tálban keverjük össze a szójaszószt, a szezámolajat és a mézet. Ráöntjük a tofu- és zöldségkeverékre.
d) Főtt rizzsel tálaljuk.

48. Kimchi Hummus

ÖSSZETEVŐK:
- 1 doboz (15 oz) csicseriborsó, lecsepegtetve és leöblítve
- 1/2 csésze kimchi, apróra vágva
- 2 evőkanál tahini
- 2 gerezd fokhagyma
- 3 evőkanál olívaolaj
- 1 citrom leve
- Só és bors ízlés szerint

UTASÍTÁS:
a) Egy robotgépben keverje össze a csicseriborsót, a kimchit, a tahinit, a fokhagymát, az olívaolajat és a citromlevet.
b) Keverjük simára, szükség szerint kaparjuk le az oldalát.
c) Ízlés szerint sózzuk, borsozzuk. Pita chipsekkel vagy zöldségrudakkal tálaljuk.

49. Kimchi Sushi tekercs

ÖSSZETEVŐK:
- Nóri lapok
- Főtt sushi rizs
- 1 csésze kimchi, apróra vágva
- Szeletelt avokádó
- Szeletelt uborka
- Szójaszósz mártáshoz

UTASÍTÁS:
a) nori lapot egy bambusz sushi alátétre.
b) Terítsen egy réteg sushi rizst a norira , hagyjon egy kis szegélyt a tetején.
c) Adjunk hozzá egy sor apróra vágott kimchit, szeletelt avokádót és uborkát.
d) A sushit szorosan feltekerjük, és falatnyi darabokra szeleteljük. Szójaszósszal tálaljuk.

50. Kimchi Deviled Eggs

ÖSSZETEVŐK:

- 6 kemény tojás, meghámozva és félbevágva
- 1/4 csésze kimchi, apróra vágva
- 2 evőkanál majonéz
- 1 teáskanál dijoni mustár
- Só és bors ízlés szerint
- Díszítésnek paprika

UTASÍTÁS:

a) A tojássárgákat kivesszük, és egy tálban pépesítjük.
b) Keverje össze az apróra vágott kimchit, a majonézt, a dijoni mustárt, a sót és a borsot.
c) Visszakanalazzuk a keveréket a tojásfehérje felébe.
d) Megszórjuk paprikával, és tálalás előtt hűtőbe tesszük.

51.Kimchi Caesar saláta

ÖSSZETEVŐK:
- Római saláta, apróra vágva
- 1 csésze kimchi, apróra vágva
- Krutonok
- Reszelt parmezán sajt
- Caesar öltözködés

UTASÍTÁS:
a) Egy nagy tálban keverje össze az apróra vágott római salátát és a kimchit.
b) Hozzáadjuk a krutont és a reszelt parmezán sajtot.
c) Dobd fel kedvenc Caesar öntettel, és azonnal tálald.

52.Kimchi Guacamole

ÖSSZETEVŐK:
- 3 érett avokádó, pépesítve
- 1 csésze kimchi, apróra vágva
- 1/4 csésze vöröshagyma, apróra vágva
- 1 lime, lé
- Só és bors ízlés szerint
- Tortilla chips a tálaláshoz

UTASÍTÁS:
a) Egy tálban pépesítsd az avokádót.
b) Adjuk hozzá az apróra vágott kimchit, a vöröshagymát, a lime levét, sózzuk és borsozzuk. Jól összekeverni.
c) A kimchi guacamole-t tortilla chipsekkel tálaljuk.

53.Kimchi palacsinta/ Kimchijeon

ÖSSZETEVŐK:

- 500 g (1 font 2 uncia) kínai kel kimchi
- 2 teáskanál gochugaru Csili por
- 2 evőkanál fermentált szardellaszósz
- 650 g (1 font 7 uncia) koreai palacsintatészta
- Semleges növényi olaj

UTASÍTÁS:

a) A kimchit ollóval vágjuk apró darabokra, és tegyük egy tálba anélkül, hogy a levét leeresztené. Adjuk hozzá a gochugarut chili por és fermentált szardellaszósz. Adjuk hozzá a palacsintatésztát és jól keverjük össze.

b) Egy serpenyőt bőségesen kenjünk be növényi olajjal, és melegítsük nagy lángon. A serpenyő aljába vékony réteg kimchi tésztát kenünk. Egy spatula segítségével azonnal emelje le a tésztát a tepsi aljáról, nehogy leragadjon. Amint a szélei barnulni kezdenek és a felülete kissé megköt, fordítsa meg a palacsintát.

c) A másik oldalát nagy lángon további 4 percig sütjük. Ismételje meg minden palacsintánál.

d) Élvezze koreai palacsintaszósszal vagy hagymás szójaszószos savanyúsággal.

54.Kínai káposzta saláta Kimchi szósszal

ÖSSZETEVŐK:
- 600 g (1 font 5 uncia) kínai kel
- 50 g (1¾ oz) durva tengeri só
- 1 liter (4 csésze) víz
- 4 fokhagyma szár (vagy 2 újhagyma/hagyma szár, hagyma nélkül)
- 1 sárgarépa
- 1 evőkanál cukor
- 50 g (1¾ oz) fűszeres pác
- 2 evőkanál fermentált szardellaszósz
- ½ evőkanál szezámmag
- Tengeri só

UTASÍTÁS:
a) A kínai káposztát nagy falatnyi darabokra vágjuk. Oldjuk fel a sót a vízben, és merítsük bele a káposztát. 1 és fél órát pihentetjük.
b) Vágja a metélőhagymát 5 cm-es (2 hüvelyk) darabokra. A sárgarépát lereszeljük.
c) A káposztát lecsepegtetjük. Öblítsük le háromszor egymás után, majd hagyjuk 30 percig lecsepegni.
d) Keverjük össze a cukorral, a fűszeres páccal, az erjesztett szardellaszósszal, a sárgarépával és a metélőhagymával.
e) Tengeri sóval ízesítjük. Megszórjuk szezámmaggal.

SAVANYÚKÁPOSZTA

55. Klasszikus savanyú káposzta

ÖSSZETEVŐK:

- 1 közepes méretű káposzta vékonyra szeletelve
- 1 csésze fehér ecet
- 1 csésze víz
- 1/4 csésze cukor
- 1 evőkanál só
- 1 teáskanál mustármag
- 1 teáskanál zellermag
- 1 teáskanál kurkuma

UTASÍTÁS:

a) Egy serpenyőben keverje össze a vizet, az ecetet, a cukrot, a sót, a mustármagot, a zellermagot és a kurkumát.
b) Forraljuk fel a keveréket, keverjük addig, amíg a cukor és a só fel nem oldódik.
c) A vékonyra szeletelt káposztát egy nagy tálba tesszük.
d) Öntse a forró sóoldatot a káposztára, ügyelve arra, hogy teljesen elmerüljön.
e) Hagyja a savanyított káposztát szobahőmérsékletre hűlni, mielőtt sterilizált üvegbe helyezné.
f) Tálalás előtt legalább 24 órára hűtőbe tesszük.

56.Piccalilli

ÖSSZETEVŐK:
- 6 csésze apróra vágott zöld paradicsom
- 1 1/2 csésze zöldpaprika , apróra vágva
- 7 1/2 csésze apróra vágott káposzta
- 1/2 csésze pác só
- 1 1/2 csésze édes pirospaprika , apróra vágva
- 2 1/4 csésze apróra vágott hagyma
- 3 evőkanál egész kevert pácfűszer
- 4 1/2 csésze 5%-os ecet
- 3 csésze barna cukor

UTASÍTÁS:
a) Dobd fel a zöldségeket 1/2 csésze sóval.
b) Fedjük le forró vízzel, és hagyjuk 12 órán át. Drain .
c) A fűszereket egy fűszeres zacskóba kössük, és az ecet és a cukor keverékéhez adjuk, és felforraljuk.
d) Adjunk hozzá zöldségeket, és forraljuk óvatosan 30 percig; távolítsa el a fűszeres zacskót.
e) Töltse meg a forró steril üvegeket forró keverékkel, hagyjon 1/2 hüvelyk helyet .
f) Engedje ki a légbuborékokat.
g) Szorosan zárja le az üvegeket, majd melegítse 5 percig vízfürdőben.

57.Alap savanyú káposzta

ÖSSZETEVŐK:
- 25 font. Káposzta , leöblítve és felaprítva
- 3/4 csésze pácolt só

UTASÍTÁS:
a) Tegye a káposztát egy edénybe, és adjon hozzá 3 evőkanál sót.
b) Keverje össze tiszta kézzel.
c) Csomag amíg a só levet von a káposztából.
d) Adjon hozzá tányért és súlyokat; fedje le a tartályt egy tiszta fürdőlepedővel.
e) Tárolja 70°-75°F között 3-4 hétig .

58.Fűszeres ázsiai savanyú káposzta

ÖSSZETEVŐK:
- 1 kis káposzta, felaprítva
- 1 csésze rizsecet
- 1/2 csésze szójaszósz
- 2 evőkanál cukor
- 2 gerezd fokhagyma, felaprítva
- 1 evőkanál gyömbér, lereszelve
- 1 teáskanál pirospaprika pehely

UTASÍTÁS:
a) Egy tálban összekeverjük a rizsecetet, a szójaszószt, a cukrot, a darált fokhagymát, a reszelt gyömbért és a pirospaprika pelyhet.
b) Jól keverjük össze, amíg a cukor fel nem oldódik.
c) Tegye a felaprított káposztát egy nagy üvegbe, és öntse rá a folyadékot.
d) Zárja le az üveget, és tálalás előtt legalább 2 órára tegyük hűtőbe.

59. Almaecetes savanyú káposzta

ÖSSZETEVŐK:
- 1 kis fej vöröskáposzta, vékonyra szeletelve
- 1 csésze almaecet
- 1/2 csésze víz
- 2 evőkanál méz
- 1 evőkanál só
- 1 teáskanál egész fekete bors
- 2 babérlevél

UTASÍTÁS:
a) Egy serpenyőben keverje össze az almaecetet, a vizet, a mézet, a sót, a szemes borsot és a babérlevelet.
b) Forraljuk fel a keveréket, keverjük addig, amíg a méz és a só fel nem oldódik.
c) A felszeletelt káposztát tegyük egy nagy tálba, és öntsük rá a forró sóoldatot.
d) Hagyjuk kihűlni, majd tegyük át a savanyú káposztát egy üvegbe, és tálalás előtt tegyük hűtőbe legalább 4 órára.

60. Kapros Fokhagymás Ecetes káposzta

ÖSSZETEVŐK:

- 1 közepes zöld káposzta, felaprítva
- 1 1/2 csésze fehér ecet
- 1 csésze víz
- 3 evőkanál cukor
- 2 evőkanál só
- 3 gerezd fokhagyma, összetörve
- 2 evőkanál friss kapor apróra vágva

UTASÍTÁS:

a) Egy serpenyőben keverjük össze a fehér ecetet, a vizet, a cukrot, a sót, a zúzott fokhagymát és az apróra vágott kaprot.
b) A keveréket addig melegítjük, amíg a cukor és a só fel nem oldódik.
c) A felaprított káposztát tegyük egy nagy üvegbe, és öntsük rá a forró sóoldatot.
d) Hagyjuk kihűlni, majd tegyük hűtőbe legalább 12 órára, mielőtt fogyasztanák.

FŐZÉS KÁPOSZTÁVAL

61.Vörös káposzta káposztasaláta

ÖSSZETEVŐK:
- ½ fej vörös káposzta, vékonyra szeletelve
- 2 sárgarépa, lereszelve
- ½ csésze majonéz
- 2 evőkanál dijoni mustár
- 2 evőkanál almaecet
- 1 evőkanál méz
- Só és bors ízlés szerint
- Díszítésnek apróra vágott friss petrezselymet

UTASÍTÁS:
a) Egy nagy tálban keverje össze a vörös káposztát és a reszelt sárgarépát.
b) Egy külön tálban keverje össze a majonézt, a dijoni mustárt, az almaecetet, a mézet, a sót és a borsot.
c) Az öntetet a káposzta keverékre öntjük, és bevonjuk.
d) Tálalás előtt apróra vágott petrezselyemmel díszítjük.

62. Fijian Chicken Chop Suey

ÖSSZETEVŐK:
- 1 kiló csont nélküli, bőr nélküli csirkemell vagy comb, vékonyra szeletelve
- 2 evőkanál növényi olaj
- 1 hagyma, szeletelve
- 2 gerezd fokhagyma, felaprítva
- 1 hüvelykes darab friss gyömbér, reszelve
- 1 csésze szeletelt káposzta
- 1 csésze szeletelt sárgarépa
- 1 csésze szeletelt kaliforniai paprika (piros, zöld vagy sárga)
- 1 csésze szeletelt brokkoli rózsa
- ¼ csésze szójaszósz
- 2 evőkanál osztrigaszósz
- 1 evőkanál kukoricakeményítő 2 evőkanál vízben feloldva
- Főtt fehér rizs, tálaláshoz

UTASÍTÁS:
a) Egy nagy serpenyőben vagy wokban melegítse fel a növényi olajat közepesen magas lángon.
b) Hozzáadjuk a felszeletelt csirkemellet, és kevergetve addig sütjük, amíg megpuhul és enyhén megpirul. Vegye ki a csirkét a serpenyőből, és tegye félre.
c) Ugyanabban a serpenyőben adjunk hozzá még egy kis olajat, ha szükséges, és pároljuk a felszeletelt hagymát, a darált fokhagymát és a reszelt gyömbért, amíg illatos lesz és a hagyma áttetsző lesz.
d) Adja hozzá a szeletelt káposztát, a sárgarépát, a kaliforniai paprikát és a brokkolit a serpenyőbe. Néhány percig kevergetve pirítsuk a zöldségeket, amíg megpuhulnak.
e) A megfőtt csirkét visszatesszük a serpenyőbe, és összekeverjük a zöldségekkel.
f) Egy kis tálban keverjük össze a szójaszószt és az osztrigaszószt. Öntsük a szószt a csirkére és a zöldségekre, és keverjük össze az egészet, amíg jól bevonat nem lesz.
g) Keverje hozzá a kukoricakeményítő keveréket, hogy a szósz kissé besűrűsödjön.
h) Tálalja a Fijian Chicken Chop Suey-t főtt fehér rizs fölött, hogy ízletes és kielégítő ételt készítsen.

63.Fehér Káposzta és Burgonya

ÖSSZETEVŐK:

- 1 fehér káposzta (kb. 2 kg)
- 4 sárgarépa (hámozva)
- 3 fehér hagyma
- 1 zöldpaprika
- 6 nagy burgonya (hámozva)
- 3 gerezd fokhagyma
- 2 teáskanál növényi olaj
- 3 teáskanál sót
- 3 zöld chili

UTASÍTÁS:

a) A káposztát, a sárgarépát, a hagymát, a zöldpaprikát és a burgonyát megmossuk és durvára vágjuk.
b) Hámozzuk meg és vágjuk finomra a fokhagymát.
c) Helyezze a káposztát egy fedővel ellátott nagy serpenyőbe közepes lángon.
d) 5 perc elteltével adjunk hozzá egy csepp vizet, hogy megakadályozzuk, hogy a káposzta ráragadjon a serpenyőre.
e) 10 perc múlva, amikor a káposzta kissé megpuhult, hozzáadjuk a sárgarépát és belekeverjük az olajat.
f) 10 perc múlva hozzáadjuk a hagymát.
g) 5 perc múlva hozzáadjuk a fokhagymát.
h) Hagyja alacsony lángon a főzőlapon 10 percig, amíg az összes zöldség meg nem fő és megpuhul. Adjuk hozzá a chilit és a borsot. Alaposan keverjük össze és főzzük 5 percig.
i) Keverjük hozzá a sót.

64. Green Vega Tostadas

ÖSSZETEVŐK:

- 6 kukorica tortilla (egyenként 5 hüvelyk)
- 2 evőkanál extra szűz olívaolaj, osztva
- 1 csésze kockára vágott cukkini
- 1 csésze kockára vágott spárga
- ½ csésze kockára vágott zöld kaliforniai paprika
- ¼ csésze fagyasztott kukorica
- 1 csésze apróra vágott káposzta
- 2 zöldhagyma, felkockázva
- Egy marék koriander durvára vágva
- Tengeri só és fekete bors
- Kesudiós tejföl és elkészített paradicsom salsa tálaláshoz

UTASÍTÁS:

a) Melegítse elő a sütőt 400°F-ra. A kukorica tortillákat megkenjük egy evőkanál olívaolajjal, és megszórjuk tengeri sóval. Tedd ki őket egy tepsire, és süsd, amíg ropogós nem lesz, ami általában körülbelül 10 percet vesz igénybe.

b) Egy serpenyőben melegítsük fel a maradék evőkanál olívaolajat közepesen magas lángon. Adja hozzá a kockára vágott cukkinit, spárgát, kaliforniai paprikát és a kukoricát a serpenyőbe. Addig pároljuk, amíg kissé megpuhulnak, ami körülbelül 3 percig tart. Ezután adjuk hozzá a felaprított káposztát a serpenyőbe, és pirítsuk további 2 percig. Ízlés szerint sózzuk, borsozzuk a keveréket, majd lekapcsoljuk a tűzről.

c) A megpirított zöldségeket egyenletesen elosztjuk a ropogós tortillák között. Megszórjuk őket apróra vágott zöldhagymával és durvára vágott korianderrel. Mindegyiket meglocsoljuk kesudió-tejföllel és paradicsomsalsával.

d) Élvezze a Green Veggie Tostadas-t!

65. Mángold és brokkolilé

ÖSSZETEVŐK:
- 1 kis fej brokkoli virágokra törve
- 1 kis fej vörös káposzta
- ½ teáskanál Maca por
- 3 nagy levél mángold, darabokra tépve

UTASÍTÁS:
a) A káposztát és a brokkolit egy facsarón átdolgozzuk.
b) Tegye a többi hozzávalót a facsaróba.
c) Alaposan keverje össze a levet. Végül a levét zúzott jégen tálaljuk, ha kívánjuk.

66.Retek káposzta saláta

ÖSSZETEVŐK:
- 1 csokor retek vágva és vékonyra szeletelve
- ½ kis vörös káposzta, vékonyra szeletelve
- 1 sárgarépa, lereszelve
- ¼ csésze majonéz
- 1 evőkanál almaecet
- 1 teáskanál méz
- Só és bors ízlés szerint

UTASÍTÁS:
a) Egy nagy tálban keverje össze a retket, a vörös káposztát és a sárgarépát.
b) Egy kis tálban keverjük össze a majonézt, az almaecetet, a mézet, a sót és a borsot.
c) Az öntetet ráöntjük a zöldségekre, és addig keverjük, amíg jó bevonat nem lesz.
d) Tálalás előtt legalább 30 percre hűtőbe tesszük.

67.Szivárvány saláta káposztával

ÖSSZETEVŐK:
- 5 uncia csomag vaj fejes saláta
- 5 uncia csomag rukkola
- 5 uncia csomag fűszeres keverék Mikrozöldek
- 1 vékonyra szeletelt lila retek
- 1/2 csésze csípős borsó, vékonyra szeletelve
- 1 zöldretek vékonyra szeletelve
- 1/4 csésze vörös káposzta, felaprítva
- 2 medvehagyma, karikákra vágva
- 1 görögdinnye retek, vékonyra szeletelve
- 2 vérnarancs, szeletekre vágva
- 3 szivárványos sárgarépa, szalagokra borotváltva
- 1/2 csésze vérnarancslé
- 1/2 csésze extra szűz olívaolaj
- 1 evőkanál vörösbor ecet
- 1 evőkanál szárított oregánó
- 1 evőkanál méz
- Só és bors, ízlés szerint
- díszítéshez Ehető virágok

UTASÍTÁS:
a) Keverje össze az olívaolajat, a vörösborecetet és az oregánót egy edényben. Adjuk hozzá a medvehagymát, és hagyjuk pácolódni legalább 2 órán keresztül a pulton.
b) Tegye félre a medvehagymát.
c) Egy üvegben keverje össze a narancslevet, az olívaolajat, a mézet, valamint egy csipetnyi sót és borsot, amíg sűrű és sima nem lesz. Ízlés szerint sózzuk, borsozzuk.
d) Dobja fel a mikrozöldek, saláta és rukkola fűszeres keverékét körülbelül ¼ csésze vinaigrette-vel egy nagyon nagy keverőtálban.
e) Keverje össze a sárgarépát, a borsót, a medvehagymát és a narancsszeleteket a retek felével.
f) Állíts össze mindent , és adj hozzá egy extra vinaigrettet és ehető virágokat a befejezéshez.

68.Microgreens és hóborsó saláta

ÖSSZETEVŐK:
VINAIGRETTE
- 1 teáskanál juharszirup
- 2 teáskanál limelé
- 2 evőkanál fehér balzsamecet
- 1 ½ csésze kockára vágott eper
- 3 evőkanál olívaolaj

SALÁTA
- 2 retek vékonyra szeletelve
- 6 uncia káposzta mikrozöld
- 12 db hóborsó vékonyra szeletelve
- Félbevágott eper, ehető virágok és friss fűszernövények a díszítéshez

UTASÍTÁS:
a) A vinaigrette elkészítéséhez keverje össze az epret, az ecetet és a juharszirupot egy keverőedényben. Szűrjük le a folyadékot, és adjuk hozzá a lime levét és az olajat.

b) Sózzuk, borsozzuk.

c) A saláta elkészítéséhez egy nagy keverőtálban keverje össze a mikrozöldeket, hóborsót, retket, mentett epret és ¼ csésze vinaigrettet.

d) Díszítésként adjunk hozzá félbevágott epret, ehető virágokat és friss fűszernövényeket.

69. Keserédes gránátalma saláta

ÖSSZETEVŐK:
ÖLTÖZKÖDÉS:
- 2 evőkanál citromlé
- ½ csésze vérnarancslé
- ¼ csésze juharszirup

SALÁTA:
- ½ csésze frissen vágott káposzta mikrozöld
- 1 kis radicchio, falatnyi s-re tépve
- ½ csésze lila káposzta, vékonyra szeletelve
- ¼ kis vöröshagyma, apróra vágva
- 3 retek vékony szeletekre vágva
- 1 vérnarancs meghámozva, kimagozva és szeletekre vágva
- só és bors ízlés szerint
- ⅓ csésze ricotta sajt
- ¼ csésze fenyőmag, pirítva
- ¼ csésze gránátalma mag
- 1 evőkanál olívaolaj

UTASÍTÁS:
ÖLTÖZKÖDÉS:
a) hozzávalóját enyhén pároljuk 20-25 percig.
b) Tálalás előtt hagyja kihűlni.

SALÁTA:
c) Keverje össze a radicchiót, a káposztát, a hagymát, a retket és a mikrozöldeket egy keverőtálban.
d) Óvatosan megforgatjuk sóval, borssal és olívaolajjal.
e) Egy tálalótálra szórjunk egy pici kanál ricotta sajtot.
f) Megkenjük a fenyőmaggal és a gránátalmamaggal, és meglocsoljuk a vérnarancssziruppal.

70.Cool Salmon Lover's saláta

ÖSSZETEVŐK:
- 1 font Főtt király vagy coho lazac; darabokra törve
- 1 csésze Szeletelt zeller
- ½ csésze Durvára vágott káposzta
- 1¼ csésze majonéz vagy salátaöntet; (1 és félig)
- ½ csésze Édes savanyúság íze
- 1 evőkanál Elkészített torma
- 1 evőkanál Finomra vágott hagymát
- ¼ teáskanál Só
- 1 kötőjel Bors
- Saláta levelek; római levelek, vagy endívia
- Szeletelt retek
- Kapros-ecetes uborka szeletek
- Tekercs vagy keksz

UTASÍTÁS:
a) Egy nagy keverőtálban óvatosan keverje össze a lazacot, a zellert és a káposztát.
b) Egy másik tálban keverjük össze a majonézt vagy a salátaöntetet, a savanyúság ízét, a tormát, a hagymát, a sót és a borsot. Adjuk hozzá a lazacos keverékhez, és forgassuk bevonni. Fedjük le a salátát és hűtsük le a tálalásig (akár 24 óráig).
c) Egy salátástálat kibélelünk zöldekkel. Kanalazzuk bele a lazacos keveréket. A tetejére retekkel és kapros savanyúsággal. Tálaljuk a salátát tekercsekkel vagy kekszekkel.

71.Gombás rizspapír tekercs

ÖSSZETEVŐK:
- 1 evőkanál szezámolaj
- 2 gerezd fokhagyma, összetörve
- 1 teáskanál reszelt gyömbér
- 2 medvehagyma, finomra vágva
- 300 g gomba apróra vágva
- 40 g kínai kel, finomra aprítva
- 2 teáskanál alacsony sótartalmú szójaszósz
- 16 nagy lap rizspapír
- 1 csokor friss koriander, leszedett levelei
- 2 közepes sárgarépa, meghámozva, finomra vágva
- 1 csésze babcsíra, vágva
- Extra alacsony sótartalmú szójaszósz, tálaláshoz

UTASÍTÁS:
ELKÉSZÍTJÜK A GOMBÁTÉTELT
a) A szezámolajat, a zúzott fokhagymát és a reszelt gyömbért serpenyőben alacsony lángon 1 percig hevítjük.
b) Tegyük a serpenyőbe a finomra vágott medvehagymát, az apróra vágott gombát és a felaprított kínai kel.
c) Növelje a hőt közepesre, és főzze 3 percig, vagy amíg a hozzávalók megpuhulnak.
d) Tegye át a megfőtt keveréket egy tálba, öntse hozzá az alacsony sótartalmú szójaszószt, és tegye félre hűlni.

LÁGYÍTSA A RIZSPAPÍR LAPOKAT
e) Töltsön meg egy nagy tálat meleg vízzel.
f) Egyszerre 2 rizspapírt tegyünk a vízbe, hogy kb. 30 másodpercre megpuhuljon. Ügyeljen arra, hogy puhák legyenek, de még mindig elég kemények ahhoz, hogy kezelni tudják.

ÖSSZEÁLLÍTJA A TEkercseket
g) A megpuhult rizspapír lapokat kivesszük a vízből, és jól lecsepegtetjük. Fektesse őket egy lapra.
h) Minden lapot szórjunk meg friss korianderlevéllel, majd szendvicsezzen rá egy másik rizspapírlappal.
i) A kétrétegű rizspapírt egy evőkanál gombás keverékkel töltsük fel, ügyelve a felesleges nedvesség elvezetésére.
j) A gombás keverék tetejére adjuk a sárgarépát és a babcsírát.
k) Hajtsa be a rizspapír végeit, és erősen tekerje fel a lapot.
l) Tegye félre az előkészített tekercset, és fedje le műanyaggal.
m) Ismételje meg a folyamatot a többi hozzávalóval, hogy további tekercseket készítsen.
n) A gombás rizspapír tekercseket azonnal tálaljuk extra alacsony sótartalmú szójaszósszal a mártáshoz.

72.Ázsiai gnocchi saláta

ÖSSZETEVŐK:

- 1 kiló burgonya gnocchi
- 1 csésze reszelt káposzta
- 1 csésze sárgarépa, juliened
- ½ csésze edamame bab, főtt
- ¼ csésze zöldhagyma, apróra vágva
- szezámmag
- Szezámmagos gyömbéres öntet
- Szójaszósz (opcionális)

UTASÍTÁS:

a) Főzzük meg a gnocchit a csomagoláson található utasítások szerint, majd szűrjük le és tegyük félre.
b) Egy nagy tálban keverje össze a főtt gnocchit, a felaprított káposztát, a sárgarépát, a főtt edamame babot és az apróra vágott zöldhagymát.
c) Meglocsoljuk szezámmagos gyömbéres öntettel, és óvatosan összeforgatjuk, hogy az összes hozzávalót bevonja.
d) A tetejére szórjuk a szezámmagot.
e) Ha szükséges, adjon hozzá egy csepp szójaszószt az extra íz érdekében.
f) Tálalja az ázsiai gnocchi salátát élénk és ízletes lehetőségként.

73. Káposztagombóc

ÖSSZETEVŐK:
- 1 csomag gombóc csomagolás
- ½ font darált sertéshús
- ½ csésze napa káposzta, finomra vágva
- ¼ csésze zöldhagyma, finomra vágva
- 1 evőkanál gyömbér, darálva
- 2 evőkanál szójaszósz
- 1 evőkanál szezámolaj
- 1 teáskanál cukor
- ½ teáskanál só
- ¼ teáskanál fekete bors

UTASÍTÁS:
a) Egy keverőtálban keverje össze a darált sertéshúst, a Napa káposztát, a zöldhagymát, a gyömbért, a szójaszószt, a szezámolajat, a cukrot, a sót és a fekete borsot. Jól keverjük össze, amíg az összes hozzávaló egyenletesen el nem keveredik.

b) Vegyünk egy gombóc csomagolást, és helyezzünk a közepére egy kanál sertéstölteléket.

c) Mártsa be az ujját vízbe, és nedvesítse meg a csomagolás széleit.

d) Hajtsa félbe a csomagolást, és nyomja össze a széleit, hogy lezárja a félhold formát.

e) Ismételje meg a folyamatot a maradék gombóc csomagolással és a töltelékkel.

f) Forraljunk fel egy nagy fazék vizet. Adjuk hozzá a gombócokat a forrásban lévő vízhez, és főzzük körülbelül 5-7 percig, amíg a felszínre nem úsznak.

g) A gombócokat lecsepegtetjük, és forrón szójaszósszal vagy kedvenc mártogatós szósszal tálaljuk.

74.Tajvani sült rizstészta

ÖSSZETEVŐK:
- 8 uncia szárított rizstészta (mi fen)
- 2 evőkanál növényi olaj
- 2 gerezd fokhagyma, felaprítva
- 1 csésze reszelt káposzta
- 1 csésze babcsíra
- ½ csésze szeletelt sárgarépa
- ½ csésze szeletelt zöld kaliforniai paprika
- 2 evőkanál szójaszósz
- 1 evőkanál osztriga szósz
- ½ teáskanál cukor
- ¼ teáskanál fehér bors
- Zöldhagyma apróra vágva (díszítéshez)

UTASÍTÁS:
a) Főzzük meg a rizstésztát a csomagoláson található utasítások szerint. Lecsepegtetjük és félretesszük.
b) Melegítsünk növényi olajat egy nagy wokban vagy serpenyőben közepesen magas lángon.
c) Adjuk hozzá a felaprított fokhagymát, és kevergetve pirítsuk körülbelül 1 percig, amíg illatos lesz.
d) Adja hozzá a felaprított káposztát, a babcsírát, a szeletelt sárgarépát és a zöld kaliforniai paprikát a wokban. 2-3 percig kevergetve pirítjuk, amíg a zöldségek kissé megpuhulnak.
e) Tolja a zöldségeket a wok egyik oldalára, és adjuk hozzá a főtt rizstésztát az üres oldalához.
f) Egy kis tálban keverjük össze a szójaszószt, az osztrigaszószt, a cukrot és a fehér borsot. Ezt a szószt öntsük a tésztára.
g) Az egészet kevergetve még 2-3 percig pirítjuk, amíg a tésztát jól be nem vonja a szósszal és átmelegszik.
h) Díszítsük apróra vágott zöldhagymával.
i) Szolgálja a Tsao-t A Mi Fun melegen főételnek vagy köretnek.

75.Káposzta És Edamame Wraps

ÖSSZETEVŐK:

- 6 evőkanál Edamame humusz
- 2 lisztes tortilla
- ½ csésze reszelt sárgarépa és káposzta
- 1 csésze friss babaspenót
- 6 szelet paradicsom
- 2 evőkanál zöld istennő salátaöntet

UTASÍTÁS:

a) Minden tortillára terítsünk hummust.
b) Rétegezz káposztával és sárgarépával, spenóttal és paradicsommal.
c) Meglocsoljuk öntettel.
d) Szorosan feltekerjük.
e) Melegítse 2 percig a mikrohullámú sütőben.

76.Tojásban sült rizs egy bögrében

ÖSSZETEVŐK:
- 1 csésze főtt jázmin rizs
- 2 evőkanál fagyasztott borsó
- 2 evőkanál apróra vágott pirospaprika
- ½ szár zöldhagyma, szeletelve
- 1 csipet mungóbab csíra
- 1 csipet reszelt lila káposzta
- 1 tojás
- 1 evőkanál alacsony nátriumtartalmú szójaszósz
- ½ teáskanál szezámolaj
- ½ teáskanál hagymapor
- ¼ teáskanál ötfűszeres por

UTASÍTÁS:
a) Helyezze a rizst egy bögrébe.
b) Tedd rá a borsót, a pirospaprikát, a zöldhagymát, a mungóbabcsírát és a káposztát.
c) Fedjük le a bögrét ragasztófóliával.
d) Késsel szúrja ki a lyukakat a fólián.
e) Mikrohullámú sütőben 1 perc 15 másodpercig.
f) Közben felverjük a tojást, és belekeverjük a szójaszószt, a szezámolajat, a hagymaport és az ötfűszeres port.
g) Öntsük a tojásos keveréket a bögrébe, és keverjük össze a zöldségekkel és a rizzsel
h) Fedje le ismét a bögrét fóliával, és tegye mikrohullámú sütőbe 1 perc 15 másodpercig 1 perc 30 másodpercig.
i) Vegye ki a bögrét a mikrohullámú sütőből, és alaposan keverje össze.
j) Hagyja állni a sült rizst egy percig, hogy befejezze a főzést.
k) Villával felpörgetjük a rizst, és tálaljuk.

77. Káposzta lasagna

ÖSSZETEVŐK:
- 2 kiló darált marhahús
- 1 hagyma; apróra vágva
- 1 zöldpaprika; apróra vágva
- 1 közepes fej káposzta; felaprítva
- 1 teáskanál oregánó
- 1 teáskanál Só
- ⅛ teáskanál bors
- 18 uncia paradicsompüré; VAGY
- Paradicsompüré olasz fűszerekkel
- 8 uncia mozzarella sajt; szeletelt

UTASÍTÁS:
a) A darált marhahúst, a hagymát és a zöldpaprikát addig pároljuk, amíg a hús barna nem lesz. Jól lecsepegtetjük.
b) Közben a káposztát 2-5 perc alatt puhára főzzük. Keverjünk össze 2 csésze folyékony káposztát oregánóval, sóval, borssal és paradicsompürével.
c) Pároljuk lassú tűzön vagy mikrohullámú sütőben 5 percig. Hozzáadjuk a hús-zöldség keveréket. Pároljuk még 5 percig. A paradicsom-húskeverék felét egy 13x9"-es serpenyőbe kanalazzuk. A szószra jól lecsepegtetett káposztát, majd a szósz többi részét rétegezzük. A tetejére szeletelt sajtot teszünk, hogy ellepje.
d) 400 F.-on 25-40 percig sütjük. A sajtot az utolsó 5-10 percben lehet hozzáadni. A sütési idő lerövidítése érdekében egy ideig mikrohullámú sütőben sütheti, majd a sütőben befejezheti.

78.Japán káposzta Okonomiyaki

ÖSSZETEVŐK:
- 2 csésze káposzta, finomra aprítva
- 1 csésze univerzális liszt
- ¾ csésze víz
- 2 nagy tojás
- ½ csésze apróra vágott mogyoróhagyma
- ½ csésze apróra vágott főtt szalonna vagy garnélarák (opcionális)
- ¼ csésze majonéz
- 2 evőkanál Worcestershire szósz
- 1 evőkanál szójaszósz
- Bonito pehely (szárított halpehely) és ecetes gyömbér, tálaláshoz

UTASÍTÁS:
a) Egy nagy tálban keverje össze a káposztát, a lisztet, a vizet, a tojást, a mogyoróhagymát és a főtt szalonnát vagy garnélarákot (ha használ). Jól összekeverni.
b) Melegíts fel egy tapadásmentes serpenyőt vagy serpenyőt közepes lángon, és enyhén kend meg.
c) Öntsön ¼ csésze tésztát a serpenyőbe, és nyújtsa kör alakúra.
d) 3-4 percig sütjük, amíg az alja aranybarna nem lesz, majd megfordítjuk és további 3-4 percig sütjük.
e) Ismételje meg a maradék tésztával. Az okonomiyakit majonézzel, Worcestershire szósszal és szójaszósszal meglocsolva tálaljuk. Megszórjuk bonito pehellyel, és ecetes gyömbérrel tálaljuk.

79. Vörös káposzta grapefruit saláta

ÖSSZETEVŐK:
- 4 csésze vékonyra szeletelt vöröskáposzta
- 2 csésze szegmentált grapefruit
- 3 evőkanál szárított áfonya
- 2 evőkanál tökmag

UTASÍTÁS:
a) Tegye a saláta hozzávalóit egy nagy keverőtálba és keverje össze.

80. Káposzta És Sertés Gyoza

ÖSSZETEVŐK:
- 1 font (454 g) darált sertéshús
- 1 fej napa káposzta (kb. 1 font / 454 g), vékonyra szeletelve és felaprítva
- ½ csésze darált mogyoróhagyma
- 1 teáskanál darált friss metélőhagyma
- 1 teáskanál szójaszósz
- 1 teáskanál darált friss gyömbér
- 1 evőkanál darált fokhagyma
- 1 teáskanál kristálycukor
- 2 teáskanál kóser só
- 48-50 wonton vagy gombóc csomagolás
- Főző spray

UTASÍTÁS
a) Fújja meg a légsütő kosarát főzőpermettel. Félretesz, mellőz.
b) A töltelék elkészítése: Az összes hozzávalót a csomagolás kivételével egy nagy tálban összedolgozzuk. Keverjük jól össze.
c) Hajtsa ki a csomagolóanyagot egy tiszta munkafelületen, majd áztassa be a széleit kevés vízzel. A közepébe kanalazunk 2 teáskanál töltelékkeveréket.
d) gyoza elkészítése : A csomagolást ráhajtjuk a töltelékre, és a széleit lenyomkodjuk, hogy lezárjuk. Ha szükséges, hajtogassa meg a széleit. Ismételje meg a többi csomagolóanyaggal és töltelékkel.
e) gyozsokat elrendezzük a serpenyőben, és főzőspray-vel meglocsoljuk.
f) Helyezze a légsütő kosarát a tepsire, és csúsztassa a 2. állványhelyzetbe, válassza az Air Fry lehetőséget, állítsa be a hőmérsékletet 182 °C-ra, és állítsa be az időt 10 percre.
g) A főzési idő felénél fordítsuk meg a gyozast .
h) Főzéskor aranybarna lesz a gyozas .
i) Azonnal tálaljuk.

81.Vegetáriánus Wonton leves

ÖSSZETEVŐK:

- Wonton burkolatok
- 1/2 csésze apróra vágott gomba
- 1/2 csésze apróra vágott sárgarépa
- 1/2 csésze apróra vágott zeller
- 1/2 csésze apróra vágott káposzta
- 1/4 csésze apróra vágott zöldhagyma
- 2 gerezd fokhagyma, felaprítva
- 1 evőkanál szójaszósz
- 1 evőkanál szezámolaj
- 6 csésze zöldségleves

UTASÍTÁS

a) Egy serpenyőben pároljuk pár percig a gombát, sárgarépát, zellert, káposztát, zöldhagymát és fokhagymát.

b) Adjuk hozzá a szójaszószt és a szezámolajat, és főzzük tovább, amíg a zöldségek megpuhulnak.

c) Helyezzen egy kis kanál zöldségkeveréket minden egyes wonton csomagolás közepére.

d) Nedvesítse meg a wonton csomagolás széleit vízzel, hajtsa félbe, és nyomja le, hogy lezárja.

e) Egy lábosban forraljuk fel a zöldséglevest.

f) Adjuk hozzá a wontonokat az edényhez, és főzzük 5-7 percig, vagy amíg fel nem úsznak a felszínre.

g) Forrón tálaljuk.

82.Káposzta hal tacos

ÖSSZETEVŐK:

- 1 font fehér hal, például tőkehal vagy tilápia
- 1/2 csésze ananászlé
- 1/2 csésze kókusztej
- 1 evőkanál sötét rum
- 1 evőkanál olívaolaj
- 1/2 teáskanál őrölt kömény
- 1/2 teáskanál paprika
- 1/2 teáskanál fokhagymapor
- 1/2 teáskanál só
- 1/4 teáskanál fekete bors
- Kukorica tortillák
- Reszelt káposzta
- Ananász darabok
- Édesítetlen kókuszreszelék
- Díszítésnek koriander

UTASÍTÁS

a) Egy keverőtálban keverjük össze az ananászlevet, a kókusztejet, a sötét rumot, az olívaolajat, a köményt, a paprikát, a fokhagymaport, a sót és a fekete borsot.
b) Adja hozzá a halat a keverőedénybe, és forgassa bevonni.
c) Fedjük le a tálat, és pácoljuk a hűtőszekrényben legalább 30 percig.
d) Melegíts elő egy grillt közepesen magas hőfokra.
e) A halat oldalanként 2-3 percig sütjük, amíg megpuhul.
f) Melegítse fel a kukorica tortillákat a grillen.
g) 7. Állítsa össze a tacókat úgy, hogy minden tortillára tesz néhány darab halat, és a tetejére reszelt káposztát, ananászdarabokat, cukrozatlan kókuszreszeléket és koriandert tesz.
h) Azonnal tálaljuk.

83. Sertés hátszín Crostini káposztasalátával

ÖSSZETEVŐK:
- 2 evőkanál olívaolaj
- 2 gerezd fokhagyma, felaprítva
- ½ teáskanál só
- ¼ teáskanál fekete bors
- 1 sertés szűzpecsenye, vágva
- 1 francia bagett ½ hüvelykes szeletekre szeletelve
- 3 evőkanál vaj, olvasztott
- 2 uncia krémsajt, megpuhult
- 2 evőkanál majonéz
- 2 teáskanál apróra vágott friss kakukkfű, plusz még a díszítéshez

ALMA ÉS KÁPOSZTA SALÁTA
- 3 evőkanál olívaolaj
- ½ kis Granny Smith alma, vékonyra szeletelve
- 2 ½ csésze finomra aprított vörös káposzta
- 2 evőkanál balzsamecet
- ¼ teáskanál só
- ¼ teáskanál fekete bors

UTASÍTÁS:
a) Keverjen össze 2 evőkanál olívaolajat, fokhagymát, sót és borsot egy közepes tálban.
b) Hozzáadjuk a sertéshúst, és bevonjuk.
c) Fedjük le műanyag fóliával, és hagyjuk 20 percig szobahőmérsékleten pácolódni.
d) Melegítse elő a sütőt 350 fokra.
e) Melegíts fel egy nagy, sütőben használható serpenyőt közepesen magas lángon. Hozzáadjuk a sertéshúst, és minden oldalát megpirítjuk.
f) Tedd át a serpenyőt a sütőbe, és süsd meg a sertéshúst 15-20 percig.
g) Hűtsük le teljesen a sertéshúst, és szeleteljük fel ¼ hüvelykes szeletekre.
h) Egy kis tálban keverjük össze a krémsajtot, a majonézt és a kakukkfüvet, és keverjük simára. Félretesz, mellőz.

ALMA ÉS KÁPOSZTA SALÁTA
i) Egy serpenyőben hevíts fel 3 evőkanál olívaolajat.
j) Adjuk hozzá az almát, és főzzük 1 percig, gyakran kevergetve.
k) Adjuk hozzá a káposztát és főzzük 5 percig.
l) Adjunk hozzá ecetet, sót és borsot, és főzzük 4-5 percig, gyakran kevergetve, amíg a folyadék elpárolog.

ÖSSZEGYŰLNI:
m) A bagettszeletek mindkét oldalát megkenjük olvasztott vajjal.
n) Süssük 350 fokon 10-12 percig, amíg enyhén megpirulnak a szélei.
o) Kenje meg a krémsajt keveréket minden kenyérszelet egyik oldalára.
p) A tetejére 1-2 szelet sertéshúst teszünk.
q) Vörös káposztát halmozunk a tetejére.

84. Açaí tál őszibarackkal és káposzta mikrozöldekkel

ÖSSZETEVŐK:
- ½ csésze káposzta mikrozöld
- 1 fagyasztott banán
- 1 csésze fagyasztott piros bogyós gyümölcs
- 4 evőkanál Açaí por
- ¾ csésze mandulatej vagy kókusztej
- ½ csésze natúr görög joghurt
- ¼ teáskanál mandula kivonat

DÍSZÍT:
- Pirított kókuszreszelék
- Friss barack szeletek
- Granola vagy pirított dió/mag
- Csepp méz

UTASÍTÁS:
a) Keverje össze a tejet és a joghurtot egy nagy, nagy sebességű turmixgépben. Adja hozzá a fagyasztott Açaí gyümölcsöt , a káposzta mikrozöldjét és a mandula kivonatot.
b) Alacsony fokozaton simára turmixoljuk, csak ha szükséges, adjunk hozzá további folyadékot. Vastag és krémes legyen, mint a fagylalt!
c) Osszuk két tálba a turmixot, és tegyük rá kedvenc feltéteinket.

85.Gyümölcs és Káposzta Saláta

ÖSSZETEVŐK:
- 2 narancs , felszeletelve és szeletelve
- 2 alma , apróra vágva
- 2 csésze zöld káposzta , felaprítva
- 1 csésze mag nélküli zöld szőlő
- ½ csésze tejszínhab
- 1 evőkanál cukor
- 1 evőkanál citromlé
- ¼ teáskanál Só
- ¼ csésze majonéz / salátaöntet

UTASÍTÁS:
a) Helyezze a narancsot, almát, káposztát és a szőlőt egy tálba.
b) Egy kihűlt tálban verjük kemény habbá a tejszínt. A tejszínhabot, a cukrot, a citromlevet és a sót a majonézbe keverjük.
c) Keverjük hozzá a gyümölcsös keverékhez.

86.Red Velvet Saláta Céklával és Mozzarellával

ÖSSZETEVŐK:

- ½ vörös káposzta
- ½ lime leve
- 3 evőkanál céklalé
- 3 evőkanál agave szirup
- 3 főtt cékla
- 150 gr mozzarella kis sajtgolyó
- 2 evőkanál metélőhagyma apróra vágva
- 2 evőkanál pörkölt fenyőmag

UTASÍTÁS:

a) A vörös káposztát hámozóval finom szálakra vágjuk.
b) Vegyünk egy keverőtálat, és keverjük össze a cékla levét 2 evőkanál agave sziruppal és egy fél lime levével.
c) Ezt összekeverjük a felszeletelt vöröskáposztával, és fél órát hagyjuk pácolódni.
d) Utána hagyd a káposztát szitán lecsepegni.
e) A főtt céklából Parisienne gombóc segítségével kis golyókat kapunk.
f) Ezeket a golyókat meglocsoljuk 1 evőkanál agave sziruppal.
g) A fenyőmagot egy serpenyőben aranybarnára pirítjuk. A lecsöpögtetett vörös káposztát edénybe tesszük.
h) Tedd rá a céklát és a mozzarella golyókat. A tetejére osztjuk a fenyőmagot és a finomra vágott metélőhagymát.

87.Káposzta és Narancslé

ÖSSZETEVŐK:

- 1 zöld alma
- 1 narancs
- 1 teáskanál Spirulina por
- 4 levél vörös káposzta

UTASÍTÁS:

a) A zöldalma magházát és a narancsot meghámozzuk.
b) Tegye őket egy facsaróba a káposztával és a Spirulina porral együtt.
c) Levet és azonnal tálaljuk.

88.Tavaszi káposztaleves ropogós hínárral

ÖSSZETEVŐK:
- 4 evőkanál vaj
- 1 csésze burgonya, meghámozva és apróra vágva
- ¾ csésze apróra vágott hagyma
- Só és frissen őrölt fekete bors
- 3¾ csésze könnyű házi csirke alaplé
- 3½ csésze apróra vágott fiatal tavaszi káposztalevél
- ¼ csésze tejszín
- Ropogós tengeri alga
- kelkáposzta
- Olaj a sütéshez
- Só
- Cukor

UTASÍTÁS:
a) Egy nehéz serpenyőben olvasszuk fel a vajat. Amikor felhabosodik, hozzáadjuk a burgonyát és a hagymát, majd a vajban megforgatjuk, amíg jól be nem vonódik. Sózzuk, borsozzuk. Fedjük le, és lassú tűzön 10 percig izzadjuk. Hozzáadjuk az alaplevet, és addig főzzük, amíg a burgonya meg nem puhul.

b) Adjuk hozzá a káposztát, és fedő nélkül főzzük, amíg a káposzta éppen meg nem fő – 4-5 perc. A fedőt lehúzva megtartja a zöld színt.

c) A ropogós hínár elkészítéséhez távolítsa el a káposzta külső leveleit, és vágja ki a szárát. A leveleket szivarformákra forgatjuk, és nagyon éles késsel a lehető legvékonyabb szeletekre vágjuk. Melegítsük fel az olajat egy olajsütőben 350 F fokra. Dobjunk bele egy kis káposztát, és főzzük néhány másodpercig. Amint elkezd roppanni, vegyük ki, és papírtörlőn csepegtessük le.

d) Megszórjuk sóval és cukorral. Dobd fel, és tálald köretként a leveshez, vagy csak rágcsáld.

e) Turmixgépben vagy robotgépben pürésítjük a levest. Kóstoljuk meg és állítsuk be a fűszerezést.

f) Tálalás előtt adjuk hozzá a tejszínt. Egyedül vagy ropogós tengeri moszattal a tetején tálaljuk.

89.Káposzta és Gránátalma saláta

ÖSSZETEVŐK:

- 1 csésze káposzta – lereszelve
- ½ gránátalma, magjai eltávolítva
- ¼ evőkanál mustármag
- ¼ evőkanál köménymag
- 4-5 currylevél
- Csípje meg az asafoetidát
- 1 evőkanál olaj
- Só és cukor ízlés szerint
- Citromlé ízlés szerint
- Friss korianderlevél

UTASÍTÁS:

a) Keverjük össze a gránátalmát és a káposztát.

b) A mustármagokat serpenyőben olajjal felforrósítjuk.

c) Adja hozzá a köménymagot, a curry leveleket és az asafoetidát a serpenyőbe.

d) Keverjük össze a fűszerkeveréket a káposztával.

e) Adjunk hozzá cukrot, sót és citromlevet, és alaposan keverjük össze.

f) Korianderrel díszítve tálaljuk.

90.Marhahús saláta ecetes goji bogyókkal

ÖSSZETEVŐK:
- 2 bordaszemű steak
- Kesudió öntet

A PÁRCÁHOZ:
- 2 lime héja
- 3 evőkanál limelé
- 2 gerezd fokhagyma, felaprítva
- 1 evőkanál frissen reszelt gyömbér
- 1 evőkanál méz
- 2 teáskanál halszósz
- 1 evőkanál pirított szezámolaj
- 2 evőkanál növényi olaj

A savanyított GOJI BOGYÓHOZ:
- 3 evőkanál almaecet, felmelegítve
- 2 teáskanál méz
- ½ teáskanál finom só
- ⅓ csésze Goji bogyó

A SALÁTÁHOZ:
- 4 mini uborka, vékonyra szeletelve
- 1 kis lila káposzta, felaprítva
- 1 kis zöld káposzta, felaprítva
- 2 sárgarépa, meghámozva és vékonyan lereszelve
- 4 mogyoróhagyma, finomra szeletelve
- 1 piros chili, a magokat kikaparjuk és finomra szeleteljük
- ½ csésze mindegyikből friss menta, koriander és bazsalikom
- 2 evőkanál pirított szezámmag, a végére
- ¼ teáskanál szárított piros chili pehely

UTASÍTÁS:

a) A páchoz tegyük az összes hozzávalót egy kis keverőtálba, és keverjük össze.
b) Helyezze a steakeket egy nem reaktív edénybe. Meglocsoljuk a pác felét. Fedjük le és tegyük a hűtőbe pácolódni több órára. Tartsa meg a fenntartott pácot a salátához.
c) A pácolt goji bogyókhoz keverje össze az összes hozzávalót egy tálban. Tedd félre 30 percre maceráláshoz.
d) Grillezés előtt a pácolt steakeket szobahőmérsékletre melegítjük. Melegítsen forróra egy Le Creuset 30 cm-es öntöttvas Signature Shallow Grillt. Süssük a steakeket közepesen magas hőmérsékleten 3-4 percig. Fordítsa meg, és főzze további 3 percig, vagy amíg el nem készül ízlése szerint. Szeletelés előtt 5-7 percig pihentetjük.
e) Tegye a saláta összes hozzávalóját , kivéve a szezámmagot, egy nagy tálba. Hozzáadjuk a fenntartott pácot, és enyhén megforgatjuk, hogy bevonja. Tegye át a salátát egy tálra. A felszeletelt steaket a salátára helyezzük. Megszórjuk szezámmaggal, és mellé tálaljuk a kesudióöntetet.

91. Káposzta- és répaleves

ÖSSZETEVŐK:
- 1 medál káposzta; szeletelve vagy ékre vágva
- 3 fokhagyma; szegfűszeg ledarálva
- Cukorrépa; csokor
- 3 sárgarépa; kevés
- 1 Lg Hagyma
- 2 zeller; 3.-ba vágott szárak
- 3 font Csont; hús/velő csontok
- 2 citrom
- 2 doboz Paradicsom; ne eressze le

UTASÍTÁS:
a) Tegye a húst és a csontokat egy 8 vagy 12 qt-s főzőedénybe. Paradicsomkonzervekbe tesszük, felöntjük vízzel és felforraljuk.
b) Addig is készítse elő a zöldségeket. A répát és a sárgarépát felszeleteljük, a többi egészben megy. Amikor felforr az alaplé, leszedjük a tetejét.
c) Tegye bele céklát, sárgarépát, fokhagymát és egyéb zöldségeket. Vedd le a hőt lassú tűzre, és tartsd ferdén a fedőt.
d) Körülbelül egy óra múlva tedd bele a fokhagymát és a cukrot.

92.Vörös káposzta krizantém s

ÖSSZETEVŐK:
- 1 Vörös káposzta, kimagozva és vékonyan
- ¼ csésze vaj
- 1 hagyma, karikákra szeletelve
- 2 nagy alma, meghámozva, kimagozva, vékonyra szeletelve
- 2 evőkanál Sárga krizantém szirmok
- 2 evőkanál barna cukor
- Hideg víz
- 4 evőkanál vörösbor ecet
- Tengeri só
- Bors
- Vaj
- Friss krizantém szirmok

UTASÍTÁS:
a) A vörös káposztát forrásban lévő vízben 1 percig blansírozzuk.
b) Lecsepegtetjük, felfrissítjük és félretesszük. Egy serpenyőben felhevítjük a vajat, belerakjuk a hagymakarikákat, és 4 percig puhára pároljuk.
c) Keverjük hozzá az almaszeleteket, és főzzük további 1 percig.
d) Tegye a káposztát egy mély, lángálló serpenyőbe, szorosan záródó fedővel.
e) Keverje hozzá a hagymát, az almát és a krizantém szirmait, és forgassa meg az összes hozzávalót, hogy jól bevonja őket a vaj.
f) Rászórjuk a cukrot, és felöntjük a vízzel és az ecettel. Finoman fűszerezzük.
g) Lassú tűzön, vagy a sütőben 325 F/170/gáz 3-on 1½-2 órán át főzzük, amíg a káposzta meg nem puhul.
h) Közvetlenül tálalás előtt adjunk hozzá egy jó gombóc vajat és néhány friss krizantém szirmot.

93. Cabbage Stir-Fry

ÖSSZETEVŐK:

- 1 kis káposzta, felaprítva
- 1 sárgarépa, juliened
- 1 kaliforniai paprika, vékonyra szeletelve
- 2 gerezd fokhagyma, felaprítva
- 2 evőkanál szójaszósz
- 1 evőkanál szezámolaj
- 1 evőkanál növényi olaj
- Só és bors ízlés szerint

UTASÍTÁS:

a) Melegítsünk növényi olajat egy serpenyőben közepes lángon.
b) Hozzáadjuk a darált fokhagymát, és illatosra pároljuk.
c) Adjuk hozzá a felaprított káposztát, a sárgarépát és a szeletelt kaliforniai paprikát. 5-7 percig kevergetve sütjük, amíg a zöldségek megpuhulnak.
d) Öntsük a szójaszószt és a szezámolajat a zöldségekre, jól keverjük össze.
e) Ízlés szerint sózzuk, borsozzuk.
f) Forrón tálaljuk és élvezzük!

94.Töltött káposzta tekercs

ÖSSZETEVŐK:
- 1 nagy káposzta
- 1 font darált marhahús
- 1 csésze főtt rizs
- 1 hagyma, finomra vágva
- 1 doboz paradicsomszósz
- 1 teáskanál olasz fűszer
- Só és bors ízlés szerint

UTASÍTÁS:
a) A káposztaleveleket hajlékonyra főzzük, majd lehűtjük és félretesszük.
b) Egy tálban keverje össze a darált marhahúst, a főtt rizst, az apróra vágott hagymát, az olasz fűszereket, a sót és a borsot.
c) Helyezzen egy kanál keveréket minden káposztalevélre, és szorosan tekerje fel.
d) A tekercseket egy tepsibe rendezzük, paradicsomszósszal leöntjük.
e) Süssük 175 °C-on 30-40 percig.
f) Tálaljuk további szósszal és élvezzük!

95.Káposzta és Kolbász leves

ÖSSZETEVŐK:
- 1/2 fej káposzta apróra vágva
- 1 kg füstölt kolbász, szeletelve
- 1 hagyma, felkockázva
- 2 sárgarépa, szeletelve
- 3 gerezd fokhagyma, felaprítva
- 4 csésze csirkehúsleves
- 1 doboz kockára vágott paradicsom
- 1 teáskanál szárított kakukkfű
- Só és bors ízlés szerint

UTASÍTÁS:
a) Egy nagy fazékban pirítsd a kolbászt barnára.
b) Adjuk hozzá a hagymát és a fokhagymát, főzzük, amíg megpuhul.
c) Keverje hozzá a káposztát, a sárgarépát, a csirkelevest, a kockára vágott paradicsomot, a kakukkfüvet, a sót és a borsot.
d) 20-25 percig pároljuk, amíg a zöldségek megpuhulnak.
e) Fűszerezzük, és forrón tálaljuk.

96.Káposztasaláta Citromos öntettel

ÖSSZETEVŐK:
- 1/2 fej vöröskáposzta, vékonyra szeletelve
- 1 csésze reszelt sárgarépa
- 1/4 csésze apróra vágott friss petrezselyem
- 1/4 csésze olívaolaj
- 1 citrom leve
- 1 evőkanál méz
- Só és bors ízlés szerint

UTASÍTÁS:
a) Egy nagy tálban keverje össze a szeletelt káposztát, a felaprított sárgarépát és az apróra vágott petrezselymet.
b) Egy kis tálban keverjük össze az olívaolajat, a citromlevet, a mézet, a sót és a borsot.
c) Öntsük az öntetet a káposzta keverékre, és keverjük össze.
d) Tálalás előtt 30 percre hűtőbe tesszük.

97.Káposzta és Burgonya Curry

ÖSSZETEVŐK:

- 1 kis káposzta apróra vágva
- 3 burgonya, meghámozva és felkockázva
- 1 hagyma, finomra vágva
- 2 paradicsom, felkockázva
- 2 evőkanál curry por
- 1 teáskanál köménymag
- 1 teáskanál kurkuma
- 1 csésze kókusztej
- Só ízlés szerint

UTASÍTÁS:

a) Egy serpenyőben olajat hevítünk, és hozzáadjuk a köménymagot. Amikor szétporladnak, hozzáadjuk az apróra vágott hagymát, és aranybarnára pároljuk.
b) Adjuk hozzá a curryport és a kurkumát, keverjük egy percig.
c) Hozzáadjuk a kockára vágott burgonyát és a paradicsomot, és addig főzzük, amíg a burgonya kissé megpuhul.
d) Adjuk hozzá az apróra vágott káposztát, a kókusztejet és a sót. Fedjük le és pároljuk, amíg a zöldségek megpuhulnak.
e) Melegen tálaljuk rizzsel vagy kenyérrel.

98.Káposzta és Garnélarák Sütés

ÖSSZETEVŐK:
- 1 kis káposzta, vékonyra szeletelve
- 1 lb garnélarák, meghámozva és kivágva
- 1 piros kaliforniai paprika, szeletelve
- 2 evőkanál szójaszósz
- 1 evőkanál osztriga szósz
- 1 evőkanál gyömbér, darálva
- 2 evőkanál növényi olaj
- Díszítésnek zöldhagyma

UTASÍTÁS:
a) Wokban vagy nagy serpenyőben felhevítjük a növényi olajat.
b) Adjuk hozzá a darált gyömbért és a felszeletelt kaliforniai paprikát, kevergetve pirítsuk 2 percig.
c) Adjuk hozzá a garnélarákot és főzzük, amíg rózsaszínűek nem lesznek.
d) Dobjuk rá a vékonyra szeletelt káposztát, és kevergetve pirítsuk, amíg a káposzta ropogós nem lesz.
e) Öntsük a szójaszószt és az osztrigaszószt a rántásra, jól keverjük össze.
f) Díszítsük zöldhagymával és tálaljuk rizs felett.

99.Káposzta és Gomba Sütés

ÖSSZETEVŐK:
- 1 kis káposzta, vékonyra szeletelve
- 1 csésze gomba, szeletelve
- 1 vöröshagyma, vékonyra szeletelve
- 3 evőkanál szójaszósz
- 1 evőkanál rizsecet
- 1 evőkanál szezámolaj
- 1 teáskanál cukor
- 2 evőkanál növényi olaj

UTASÍTÁS:
a) Wokban vagy serpenyőben felhevítjük a növényi olajat.
b) Hozzáadjuk a felszeletelt gombát és a lilahagymát, kevergetve addig pirítjuk, amíg a gombák fel nem engedik nedvességüket.
c) Adjuk hozzá a vékonyra szeletelt káposztát, és kevergetve pirítsuk tovább, amíg a zöldségek megpuhulnak.
d) Egy kis tálban keverjük össze a szójaszószt, a rizsecetet, a szezámolajat és a cukrot. Ráöntjük a zöldségekre, és összeforgatjuk.
e) Forrón tálaljuk köretként vagy rizs fölé.

100.Káposzta és Mogyoró saláta

ÖSSZETEVŐK:

- 1/2 fej vöröskáposzta, felaprítva
- 1 csésze reszelt sárgarépa
- 1/2 csésze apróra vágott földimogyoró
- 2 evőkanál szójaszósz
- 1 evőkanál rizsecet
- 1 evőkanál szezámolaj
- 1 teáskanál méz
- Díszítésnek apróra vágott koriander

UTASÍTÁS:

a) Egy nagy tálban keverje össze a felaprított vöröskáposztát és a felaprított sárgarépát.
b) Egy kis tálban keverje össze a szójaszószt, a rizsecetet, a szezámolajat és a mézet.
c) Öntsük az öntetet a káposztakeverékre, és addig keverjük, amíg jó bevonat nem lesz.
d) A tetejére szórjuk a darált mogyorót és a koriandert.
e) Tálalás előtt 30 percre hűtőbe tesszük.

KÖVETKEZTETÉS

Amint befejezzük ízletes utazásunkat az "Szakácskönyv "egészséges káposzta és kimchi" című könyvben, reméljük, hogy átélte már a tápanyagban gazdag káposzta és a kimchi merész ízeinek beépítésének örömét kulináris repertoárjába. Ezeken az oldalakon minden recept a változatos káposztafélék és az erjesztés átalakító erejének ünnepe – bizonyítja, milyen finom és egészséges lehetőségek várnak a konyhájában.

Akár kóstolgatta a Napa káposzta kimchi klasszikus ízét, kísérletezett az ötletes vöröskáposzta kimchivel, vagy a Savoyai káposzta sokoldalúságát a kimchi variációkban, bízunk benne, hogy ez a 100 recept felkeltette a lelkesedést a káposzta és a kimchi világának felfedezése iránt. Az összetevőkön és a technikákon túl az egészséges káposzta és a kimchi készítés koncepciója váljon inspiráció forrásává, és a konyhája a tápláló és ízletes alkotások központjává váljon.

Miközben folytatja a káposzta és a kimchi világának felfedezését, legyen az „Szakácskönyv "egészséges káposzta és kimchi" megbízható társa, amely számos ízletes lehetőségen kalauzolja el Önt, amelyek ezeknek az összetevőknek a jó tulajdonságait az asztalára teszik . Íme, hogy megünnepeljük az egészséges és ízletes utazást a káposzta és a kimchi között – jó étvágyat!

www.ingramcontent.com/pod-product-compliance
Lightning Source LLC
Chambersburg PA
CBHW071336110526
44591CB00010B/1170